“五险一金”征缴的制度困境：基于交易成本视角

臧建文◎著

中国财经出版传媒集团
中国财政经济出版社

图书在版编目（CIP）数据

“五险一金”征缴的制度困境：基于交易成本视角／臧建文著. --北京：中国财政经济出版社，2020.4
ISBN 978-7-5095-9678-4

Ⅰ.①五… Ⅱ.①臧… Ⅲ.①社会保险制度-研究-中国 ②住房基金-公积金制度-研究-中国 Ⅳ.①F842.61②F299.233.1

中国版本图书馆 CIP 数据核字（2020）第 035129 号

责任编辑：潘　飞　　　　责任校对：胡永立
封面设计：陈宇琰

中国财政经济出版社 出版
URL：http：//www.cfeph.cn
E-mail：cfeph@cfeph.cn

社址：北京市海淀区阜成路甲 28 号　邮政编码：100142
营销中心电话：010-88191537
北京财经印刷厂印装　各地新华书店经销
710×1000 毫米　16 开　13 印张　210 000 字
2020 年 4 月第 1 版　2020 年 4 月北京第 1 次印刷
定价：68.00 元
ISBN 978-7-5095-9678-4
（图书出现印装问题，本社负责调换）
本社质量投诉电话：010-88190744
打击盗版举报热线：010-88191661　QQ：2242791300

本书是河北金融学院2019年度学术著作出版基金、河北省科技金融协同创新中心、河北省科技金融重点实验室共同资助项目。

序言

随着中国老龄化社会的到来，社会保险刚性支出增加，财政补贴压力加重，与此同时，企业及职工“五险一金”负担不轻，缴纳积极性不高，造成“五险一金”征缴的制度困境。面对这一问题，本书通过辨析“五险一金”的本质属性，将“五险一金”视为劳动力市场中企业与职工的交易成本，进而利用 GDP 三部门理论，探讨“五险一金”的征缴对私人投资及私人消费的影响，并借鉴国际税收改革经验，提出较有针对性的解决方案。

在当前“五险一金”的相关文献中，较多学者从“费改税”或“税改费”角度加以探讨，而忽视“五险一金”的应有内涵，从而失去对其未来改革方向的预判。鲜有学者将“五险一金”看作企业税负及职工工资税负的重要构成，进而较少关注到“五险一金”对私人投资及私人消费的双重影响。在面对社会保险入不敷出的问题时，较多学者往往注意征管效率的提高乃至盲目提出加强社保征收，较少从企业及职工税负的角度出发，兼顾微观利益诉求与宏观收支持续，从而实现企业、职工、政府的多方共赢。

针对“五险一金”税费性质的分歧，本书借助“税收三性”再认识，总结“税”与“费”的异同，参考斯密的“税负转嫁”以及布坎南的“保险幻觉”，提出“五险一金”并非一般意义上的福利范畴；并且，根据税收相关理论及效应，本书参考美国、德国等国际经验提出，“五险一金”具有较强的税收属性。

从企业税费成本角度来看，“五险一金”作为用工成本的制度性负担，是企业税负的重要构成，对企业及其代表的资本投资影响明显。在企业税负衡量中，引入“总税率”这一计算方法，对中国有代表性的上市公司及非上市公司税费负担与毛利率进行测算，发现毛利率的降低将导致企业税负的加速上升。具体到“总税率”指标计算中的劳务税，即企业所缴纳的“五险一金”，如果征收过多，将增加资本投资的运营成本，从而降低投资回报率，进而抑制国内外投资。

从职工工资税负角度来看，“五险一金”作为职工应发工资的税前扣除项，对于职工的当期收入影响明显。以Z省H市企业N的工资明细为例，在合规缴纳的条件下，“五险一金”及个税对职工工资收入影响显著：一方面，减少了职工当期可支配收入，进而抑制职工所带动的消费。另一方面，过重的“五险一金”对投资的抑制作用，使投资回报率即利润的增幅、职工的工资增加及资本分红受到影响；与此同时，“五险一金”过度征收对投资的影响，使就业岗位减少，进而影响劳动力的市场需求及劳动力价格的提升。

本书从制度性交易成本视角来实证“五险一金”对私人消费及私人投资的影响。借鉴凯恩斯GDP宏观三部门理论，从投资、消费、税收三因素的相互关系入手可知，当具有税收性质的“五险一金”征收过多时，对私人投资及消费产生显著的侵害效应。本书围绕私人投资、私人消费、“五险一金”与GDP构建模型，利用省际面板数据进行回归验证发现，“五险一金”对私人投资影响明显，且对私人消费产生较为突出的负相关效果。“五险一金”对企业及职工的税负影响，可通过真实世界中的观察得以印证。“五险一金”相关制度的合规成本，以及制度自身的缺陷及不完善，影响企业、职工的遵从行为。本书以A省A市为例，记录当地企业、社会保险、税务部门关于“五险一金”的不同观点，管窥“五险一金”的征收对当地经济发展带来的利弊，最后以具体行业的调查问卷，测算“五险一金”对企业利润、用工成本及规模的影响。

国内相关改革方案给出如下评析：国有资本充实社会保险基金，虽有助于偿还其转制成本，但考虑到社保基金收支不抵，未来养老负担较重，过度倚赖国有资本难为长久之计。以社保缴费作为增值税进项抵扣，有助于在微观层面鼓励企业参保积极性，提高企业及职工缴费遵从度，并对社会保险收缴困境的解决有所裨益。社会保险费改税，还原其税收性质，可以减轻市场主体的制度性成本压力，应对国际税收竞争，促进劳动力及资本跨区域流动。

从上述研究可以得出如下结论：区别于一般意义上的福利及收费概念，“五险一金”具有较强的税收性质；“五险一金”不仅构成企业的税费负担，而且是职工工资税负的重要组成部分；“五险一金”的过度征收，对私人投资及私人消费均产生较为明显的副作用。

本书的创新之处在于：规范分析了“五险一金”的税收性质，并给出相关理论依据；从交易成本角度分析“五险一金”对劳动力市场中的企业及职工的影响；借鉴世界银行“总税率”及经合组织“薪酬税收”的研究方法，对“五险一金”影响下的企业税费负担及职工工资税负进行测算；参考科斯的“侵害效应”，分析“五险一金”对私人投资及私人消费的影响。

目录
Contents

第1章　绪论

制度，是人类社会生存发展的产物，其自发自生[①]所形成的秩序保障着文明的永续发展。在社会有机体[②]中，制度亦如组织，自身生命力或长或短。从诞生之初到瓦解溃散直至消亡，制度的演进过程在经济社会中，起着至关重要的作用。

良序制度，在于能用、有用与自我纠错的完善机制。与之相反的制度，往往在“公地悲剧”中完成“零和游戏”。与此同时，制度本身亦处于好与坏、善与恶的异化与嬗变之中，人类文明的进程随之跌宕起伏。因此，从制度评判视角切入，乃至促成制度的改良，便成为制度经济学领域关注的焦点。诺斯认为，社会的产出及财富的调节分配系于制度，因为制度影响着资本存量以及经济绩效，故而被称为“过滤器”[③]，代表着在经济活动中制度对人们的激励或抑制作用。另外，经济史研究的中心始终与制度相关，因为制度影响着社会的分工、合作以及竞争的形式[④]，而且决定着“一个社会基本的福利和收入分配”[⑤]。

社会保险制度，是以免于匮乏的自由作为起源，保障公民生命繁衍与繁荣的社会保险权。具体来看中国，社会保险逐渐演变成以“五险一金”[⑥]为支

① ［英］弗里德里希·奥古斯特·冯·哈耶克：《法律、立法与自由》，邓正来译，北京：中国大百科全书出版社2000年版，第201页。

② 同上，第75页。

③ ［美］道格拉斯·C. 诺斯：《经济史上的制度与革命》，厉以平译，北京：商务印书馆1992年版，第201页。

④ 同上，第18页。

⑤ 同上。

⑥ “五险一金”中的“五险”包括养老保险、医疗保险、失业保险、工伤保险、生育保险，“一金”指住房公积金，因此，“五险一金”是上述“五险”以及“一金”的简称，较为社会公众所熟悉，采用该简称。

撑，涉及每个公民的养老、医疗、生育、住房等基本生活领域。特别是2011年《社会保险法》出台并实施以来，“五险一金”相关制度日趋完善。但是，随着中国老龄化社会的加速到来，以养老保险为代表的社会保险刚性支出增加，与此同时，“五险一金”收入来源的企业及职工缴纳负担较重，制度遵从度不高，造成“五险一金”征缴方面的制度困境：合规征收尽管在短期内能实现社会保险收入增加，但部分企业不堪重负，直至最终税源枯竭而影响后续社保收入；柔性征收将导致社会保险收支不抵、财政补贴压力巨大，且不利于税收制度公平性的提升。针对这种情况，我们借鉴交易成本的相关理论，并参考企业税费负担调研访谈，围绕企业及职工所缴纳的“五险一金”，侧重企业税负及工资税负等视角，在国际税收竞争的背景下，提出相应的解决方案，以启发当下及未来。

本书应用交易成本理论，立足税负视角，测算社会保险制度对职工及企业税负的影响，尤其对职工乃至居民可支配收入，以及企业利润乃至扩大再生产的作用。针对“五险一金”中所反映的税收、社会保险基金预算以及央、地关系等财政问题展开分析，并尝试对该制度未来的改革路径提出相关政策建议。本书研究主要围绕以下方面展开：聚焦“五险一金”的税费性质争议，研究“五险一金”作为构成企业整体税费负担的一部分，如何影响着企业同期利润及职工可支配收入。

1.1 研究背景

从以税负为代表的交易成本理论视角，研究社会保险制度的当前困境及未来改革路径，这一想法及选题确定，也非一蹴而就，而是始于近三年来，以真实世界里企业税费负担为主题的实际调研与观察、困惑与思考。

2015年至2017年，作者参与多项企业税费负担调研课题，走访多省、市，涉及贵阳、武汉、杭州、大连、天津、北京、石家庄、广州、泉州、荆州等地。在座谈中，诸多企业负责人及其财务人员普遍反映“人工成本上涨迅速”“‘五险一金’负担重”“职工‘弃保’严重”等问题。此外，在宏观方面，近年来，尽管一般公共预算中社会保障支出日益增加，但各级地方政府养老金运行遇到不同程度的困难，甚至出现收支不抵的“穿底”现象，财务上似乎难以为继，形势可谓日趋紧迫。

上述问题涉及“五险一金”的方方面面，特别体现在征缴领域，值得学界关注并持续探讨。首先，要明辨“五险一金”的税费性质，明确“五险一金”的本质属性，这将为下一步的社会保险制度改革提供理论依据；其次，“五险一金”影响下的企业及职工税收负担、初衷为民的社会保险制度遭到诸多企业及职工集体排斥或变相拒缴的相关诱因值得探究；最后，当前以“五险一金”为代表的社会保险制度的相关缺陷，体现在这一制度的异化过程之中，导致偏离制度创立的初衷，应在此基础上提出修正完善的相关建议。

一般而言，人工成本占企业运营总成本的1/3，而“五险一金”约占人工成本的40%以上①，部分企业若依规缴纳“五险一金”，要么不堪重负，要么濒于破产。在当前中央、地方财政收入划分体制下，“五险一金”作为地方政府的主要收入之一，基层部门“弹性协商式”征收使辖区内部分企业得以维系运转，却导致《社会保险法》的相关规定流于形式，以致《立法法》所确立的“税收法定”原则形同虚设②，毕竟，法律的尊严在于执行。

社会保险征缴困难有增无减，对于浙江、广东等经济优渥地区，财政收支平衡尚可，地方政府及其部门的征缴执行尚有回旋余地，但对于东北三省等经济落后的地区，社会保险尤其养老金支出历年增长，财政负担因而加重，地方政府债务负担增加，财政、金融风险积聚，在防范系统性金融风险的当前，的确不容小觑。

以“五险一金”为代表的社会保险制度相关问题不仅具有紧迫性，而且具有典型性。问题的发现及分析，旨在问题的解决。正如孔德先生所言：“用心灵去提出问题；用智力去解决它们……适合智力的唯一位置，是作社会同情心的奴仆”③。在“五险一金”相关问题的发现、分析及解决上，尤其如此。在企业税费负担调研中，作者捕捉到有关“五险一金”的真实问题，出于这一制度构建的初衷（社会关怀），借鉴切合实际的经济社会理论进行分析，提

---

① 仅以浙江省2015年“五险一金”缴费率为例，如每月10 000元应付工资，企业配套缴纳约4 000元，职工被扣缴约2 000元，企业共支付人工成本约14 000元，“五险一金”总体费用约为6 000元，因此，“五险一金”约占人工成本的40%以上。

② 冯杨、李炜光：《跨学科与全球化视野下财政研究的多重面向》，引自马珺、高培勇主编：《国家治理与财政学基础理论创新》，北京：中国社会科学出版社2017年版，第98页。

③ ［英］A. C. 庇古：《福利经济学》，朱泱译，北京：商务印书馆2006年版，第9页。

出较有针对性的政策建议。

1.2 探讨的意义

当前，社会保险基金参保缴费、收支情况不容乐观[①]。比如，养老金个人账户“空账运行”且数额巨大，各省市企业职工参保缴费人数比例下降、实际征缴收不抵支，导致一般公共预算补贴增加，地方财政负担加重，养老、医疗保险职工抚养比、退休比持续下降[②]。

与此同时，近年来无论是中央经济工作会议，还是全国“两会”、国务院常务会议，均明确强调我国要降低企业成本，减少社会保险费，阶段性适当下调“五险一金”缴纳比例，合理控制人工成本上涨。

一方面，降低社会保险费可减轻企业税费负担，但同时也可能付出社会保险费收入减少的代价。另一方面，社会保险费收支缺口加大，财政补贴（来自一般公共预算）负担加重。可以说，《社会保险法》自 2011 年出台以来始终面临“两难”困境：依法征收会导致微观企业不堪重负，弹性征收则导致宏观社会保险入不敷出，具体来说是一般公共预算在这一领域补贴增多，压力过大。因此，从税负角度来看，基于制度性交易成本理论，对于“五险一金”征缴的制度困境及改革路径研究有以下两方面的意义。

1.2.1 现实意义

第一，降低社会保险费为降低制度性交易成本提供了一条较为可行的路径。一段时间以来，企业税费负担沉重，尤其是实体经济，“五险一金”影响下的用工成本日益增加。对此，政府强调“降成本”，并将“降成本”聚焦在减轻包括“五险一金”在内的企业非税负担上，但是一直强调的阶段性降低“五险一金”缴纳比例，并未出现明显下降。值得注意的是，尽管在降低社保

---

① 郑秉文：《中国养老金发展报告 2015》，北京：经济管理出版社 2016 年版。

② 人力资源和社会保障部社会保险事业管理中心：《中国社会保险发展报告 2015》，北京：中国劳动社会保障出版社 2016 年版。

费率、减轻企业税负方面，政府可以用“一刀切”的行政方式实行减税从而保持轻税政策，但如何实现已入不敷出的社会保险基金收支平衡以及可持续发展，“需要兼顾多方利益及长远发展的客观需要”（王朝才，2016）。

第二，降低社会保险费有利于在一定程度上缓解社会保险收支赤字。2018年，类似的呼声愈加强烈：一方面，“保费收入的增长逐年赶不上保费支出的增长。一些省份已出现当年收不抵支”[①]。另一方面，“我国职工养老保险的缴费是相当高的，对企业造成了很大的成本压力。但保险基金的平衡状况仍十分窘迫”（楼继伟，2018）。对于社会保险基金缺口，要着力于“补”，但是国有资本划归社保似乎并不能一劳永逸地解决这一问题；对于社会保险省级统筹的现状，又着力于“统”，但是全国范围内社会保险统筹层次提升似乎又造成地方与中央政府之间新的博弈，徒增社会保险运行成本。那么，既要实现“社会安全阀”问题的妥善解决，避免“可能迟滞或中断中华民族伟大复兴进程的全局性风险”[②]，又不加重企业负担，甚至是在减轻企业成本的前提下，避免“对国民经济增长带来持续的压力”[③]，这是研究目标，亦是现实意义。

第三，降低社会保险费为应对国际税收竞争的挑战提供借鉴。当前，国际竞争日趋激烈，美国2017年底的减税已成既定事实且产生不错效果，日本、法国等国也将相继跟随，然而中国企业税费负担依旧居高不下。在此情况下，中国如不迅速做出相应调整，将进一步加剧资本的流失，经济增长将进一步受到影响。一段时间以来，全球资本纷纷回流美国，中国部分地区外资企业撤离，中国在资本流失方面的压力可谓与日俱增，更是“逆水行舟，不进则退”。“五险一金”作为营商指标中的重要构成，使中国“总税率”长期较高，是企业税费负担与居民工资税负的关键因素，同时影响着市场的生产供给及消费需求“两翼”，甚至在一定程度上决定着市场的荣枯，因此应及时调整“五险一金”相关制度，进而合理调节社会保险收支，降低“五险一金”负担，从而有效应对国际税收竞争。这是我们的现实立足点。

---

① 楼继伟：“供给侧结构性改革要破除传统思维”，http：//www.xinhuanet.com/mrdx/2018-03/09/c_137026953.htm，2018年3月9日。

② 同上。

③ 同上。

1.2.2 理论意义

“五险一金”征缴制度研究的理论意义有如下三点：

第一，有助于较为规范地认识“五险一金”的本质属性。“五险一金”的税费分歧由来已久。“五险一金”征缴制度研究，从现代税收理论出发，追溯社会契约论、公共选择论以及社会成本论，推导出税收的同意性、公平性、确定性等原则，重新解释并认识“税收三性”原则，从而根据工薪税的“税负转嫁”以及保险的“财政幻觉”，认定“五险一金”具有较强的税收特征。这将为中国社会保险制度的未来改革提供较为坚实的理论基础，并为社会保险基金的收支隐忧问题提供较有借鉴意义的解决思路。

第二，有益于交易成本理论的实践应用，体现在对“五险一金”“侵害效应”的分析上。本书探讨以“五险一金”为代表的社会保险制度创立、演变、发展过程，辨析及明确“五险一金”具有的税收性质，并借鉴税收理论观察“五险一金”的过度征收对企业及其职工的影响，包括制度本身影响下的企业投资、居民消费等外部效应。针对社会保险制度本身所面临的一系列问题，本书提出应通过社会保险制度本身及相关环境改善，协力减轻社会保险对企业（民间投资）及其职工（私人消费）的“侵害效应”[①]，有效降低“五险一金”的制度性交易成本，回归社会保险制度成本的本源初衷，同时逐步确立并完善现代财政制度。通过分析以“五险一金”为代表的社会保险制度及其相关配套制度的自身改良，本书认为，应运用“拉弗曲线”理论，在有效降低“五险一金”缴纳比例的同时，提升“五险一金”相关制度中企业与职工、居民的有效参与度，即增加制度本身的“性价比”[②]，以期实现制度的可持续发展，至少在财务上保持收支平衡的健康状态，尊重以“五险一金”为代表的社会保险制度应有的公平、正义原则，这也是本书研究的核心所在。

第三，有利于为经济学搭建从微观到宏观的桥梁，并使之回归“民间立场”的真实世界。新古典经济学将企业生产视为“黑箱式”的投入产出函数，较少关注企业作为市场主体履行资源配置职能的运作机制。“五险一金”这一

① ［美］科斯：《社会成本问题》，《法律与经济学杂志》，1960 年第 3 卷。

② ［法］约翰·洛克著：《政府论》，瞿菊农译，北京：商务印书馆 1982 年版。

主题的研究立足企业及职工的税负视角，是对民间学术传统的回归，从作为纳税人的企业及职工的切身感受出发，着重考虑在政府与民众的“分钱”活动中包括企业及职工在内的民众税费负担，警惕“大政府”的倾向，尤其是福利社会等公共产品的提供加重宏观税负，也是对古典经济学所倡导的市场模式的呼应。对真实世界的观察，有赖于理论发现及指导。企业及职工对“五险一金”在权利和义务上的遵从符合“与纯经济学相对的是实用经济学，其兴趣是研究由经验所感知的世界，而不涉及天使社会的商业行为”[①] 的说法。这里所言“天使社会”即科斯所批评的“黑板经济学”，在“五险一金”这一现实问题中，发现“五险一金”影响下的相关方及其行为，“既然我们的目的在于实用……因此只有实用经济学而不是纯经济学才是我们研究的目标”。[②]

1.3 研究内容

本书围绕对“五险一金”问题如何认识及如何解决，回归制度思想史，梳理福利思想的演变，从制度理论、政策经验、中国当前问题等三方面进行文献综述。本书就中国当前“五险一金”的税费性质、企业税负的测算指标等展开讨论，并立足于以“五险一金”为代表的社会保险制度从筹资征缴、使用投资到财政收支缺口等方面的研究现状，参考交易成本理论，以税负视角作为研究的切入口。

第一，本书围绕“五险一金”的税费性质分歧，梳理当前关于“五险一金”的法律规定，并以现代财政理论中的同意性以及公平性对“税收三性”（固定性、强制性、无偿性）进行再认识，同时根据税费的异同提出“五险一金”属于相对典型的税收，并基于斯密的劳动工资税及其“税负转嫁说”、布坎南的社会保障税及其保险“财政幻觉”，认为“五险一金”符合上述理论假说，再应用曼昆的“无损损失”进行验证，以突显“五险一金”作为交易成本对于劳动力市场的制度性影响。与此同时，本书参考德国、美国在工薪税的

---

① ［英］A. C. 庇古：《福利经济学》，朱泱译，北京：商务印书馆2006年版。

② 同上。

构建、税率变化以及税收占比等方面的经验，为中国当前“五险一金”问题的发现、分析乃至解决提供一定的借鉴。

第二，本书分析了以“五险一金”为代表的中国社会保险制度困境所反映的税负问题。一方面，作者从“五险一金”作为企业税负测算的构成部分对企业税负产生的影响出发，甄别出比较合适的企业税负测算模型，并对当前中国企业税负的轻重状态做出评判，回应近年来的企业税负争论；另一方面，从“五险一金”引起的职工工资税负来看，以Z省某生产制造企业合规工资为例，剖析讨论职工应付工资中被扣缴的“五险一金”与企业用工成本之间的数量关系，在对当前突出问题的宏观总结中，从“五险一金”缴纳比例居高不下、制度遵从率低、收支缺口加大导致财政负担加重、“五险一金”受益率不足等四方面入手研究解决问题。

第三，本书借用“拉弗曲线”及“侵害效应”，运用“拉弗曲线”分析缴纳比例及社保税基侵蚀的问题，探讨“五险一金”对私人消费及企业投资的“侵害效应”；分析当前社会保险制度对个人消费及企业投资的负面作用，即缴费费率高导致缴费负担重，加之社会保险制度本身的外溢效应不足，导致社会保险税基侵蚀较大，继而造成社会保险收支紧张。另外，本书尝试借用集体经济的行为假设，将社会保险视为公共产品，探讨在公共产品方面是否存在“搭便车”等问题，借此评析社会保险制度中的外溢性问题，反映以社会保险法为框架构建的社会保险征缴体制的诸多不足：缴费率过高、“法不责众”、激励效果差，以突出社会保险制度所暴露的“公地悲剧”隐忧。

本书通过对企业税费负担进行调研及职工访谈，对贵阳、泉州、杭州、武汉等地的制造业企业及职工“五险一金”的缴纳状况进行评价，尝试分析“五险一金”相关制度对企业及职工各自行为的现实影响，并折射社会保险制度运行中企业及职工基于“性价比”衡量的遵从度较低及其所引发的制度不公平等一系列问题。

第四，在政策建议方面，国有资本充实社保基金这一改革方案在短期内具有可行性；“五险一金”作为增值税进项抵扣这一改革提议，可作为社会保险基金充实的中期方案。在长期视角下，基于“五险一金”的税收性质倡导社会保险“费改税”，在全球税收竞争背景下降低企业税费负担、提高职工工资收入，对于正税清费，在社会保险权、社会保险基金预算、社会保险税框架下实现对公民社会权利义务的良序治理、构建是一条具有可操作性的改革路径。

1.4 研究思路与研究方法

1.4.1 研究思路

现代公共财政理论认为，“税收与预算制度本质上是一种公共选择和政治参与的过程，涉及国家的合法性、国家的自主性、社会稳定等多个问题”①。显然，社会保险制度是每个公民为享受社会保险权而付出社会保险税的过程，因此每个公民都有必要参与这一公共决策的过程，形成意见表达及有效的监督，这有利于发挥财政在国家治理上的基础与支柱作用。

针对社会保险税，即中国语境下的“五险一金”，本书直面社会保险税在征缴过程中的现实困境，回归并辨析“五险一金”的税费性质分歧，分析“五险一金”如何为劳动力市场带来负担及福利，并进一步涉及私人投资及私人消费，产生“就业效应”及“利润效应”，从而左右市场供、求双方的交易活跃度。

围绕构建社会保险权（也称社会保障权）、社会保险税（也称社会保障税）、社会保险基金预算三方面，本书将社会保险制度作为研究对象，从税负角度切入，以制度性交易成本为依据，结合企业调研及职工访谈资料，借助科斯交易成本理论中的“侵害效应”与奥尔森的“集体行为经济人”② 作为理论分析框架，在国际税收竞争日趋激烈的背景下，梳理社会保险制度的历史沿革、发展脉络、当前问题及未来改革路径，评估当前社会保险费改税的必要性、可行性及紧迫性。

社会保险权涉及制度设立的初衷，即保证人的生存发展权利。也就是说，在人们面对养老、医疗、生育、失业、住房等问题时，政府有责任提供必要的

---

① 冯杨、李炜光：《跨学科与全球化视野下财政研究的多重面向》，引自马珺、高培勇主编：《国家治理与财政学基础理论创新》，北京：中国社会科学出版社2017年版，第98页。

② ［美］曼瑟尔·奥尔森：《集体行动的逻辑》，陈郁、郭宇峰、李崇新译，上海：上海人民出版社1995年版。

救济，特别是应向低收入等社会弱势群体提供基本生活保障，以维持文明社会的正常运转，渐进实现“每个人的自由发展是一切人的自由发展的条件”① 这一社会经济发展的终极目标。

社会保险税具备税收性质，即在维系人们的社会保险权利的过程中，在人的自然状态下参与人的社会状态时②，需要付出必要的代价，从而获得文明社会的相应保障，这就是与社会保险权相对应的成本。③

权利的成本，作为享受自由的必要条件，是作为公民必须付出的对等代价，其强调的不仅是类似购买商品时所支付的花费，而且更为重要的是突出与商品价值对应的价格一致性，这里面包括公平、正义的制度原则。权利获得过程中所支付的成本，在财政学中便具有税收性质，而对公平与否进行度量的重要标尺是税负的轻重、遵从度的多寡，尤其以“五险一金”所引致的企业及职工间雇用合同的制度性交易成本作为具体测算指标。

社会保险基金预算，是社会保险权与社会保险税的税收性质的进一步延伸。社会保险权与社会保险税均由“税收交换论”衍生而来，是纳税人对其私有财产的保护，以保障所让渡的私有财产在成为公共财产之后，能够持续、有效且公正地为公共利益服务，而不能沦为“公共牧地”，并为此维持社会保险制度本身的可持续运行（见图 1.1）。

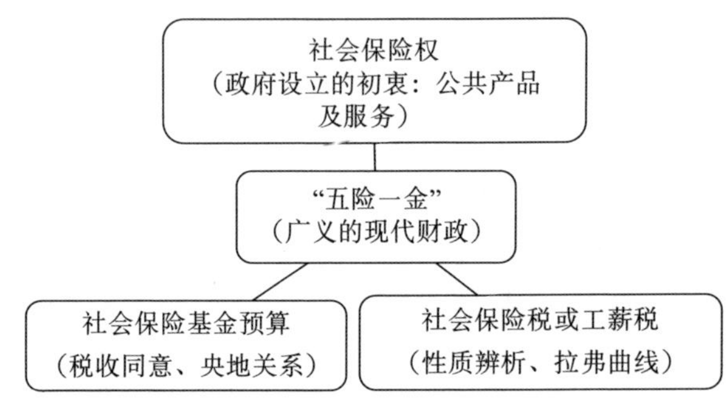

图 1.1 社会保险权、社会保险税、社会保险基金预算“三位一体”关系图

---

① ［德］马克思、恩格斯：《马克思恩格斯选集》，中共中央马克思恩格斯列宁斯大林著作编译，北京：人民出版社 1995 年版，第 248 – 307 页。

② ［法］约翰·洛克：《政府论》，瞿菊农译，北京：商务印书馆 1982 年版。

③ ［美］史蒂芬·霍尔姆斯、凯斯·R. 桑斯坦：《权利的成本——为什么自由依赖于税》，毕竟悦译，北京：北京大学出版社 2004 年版。

本书的逻辑见图1.2。

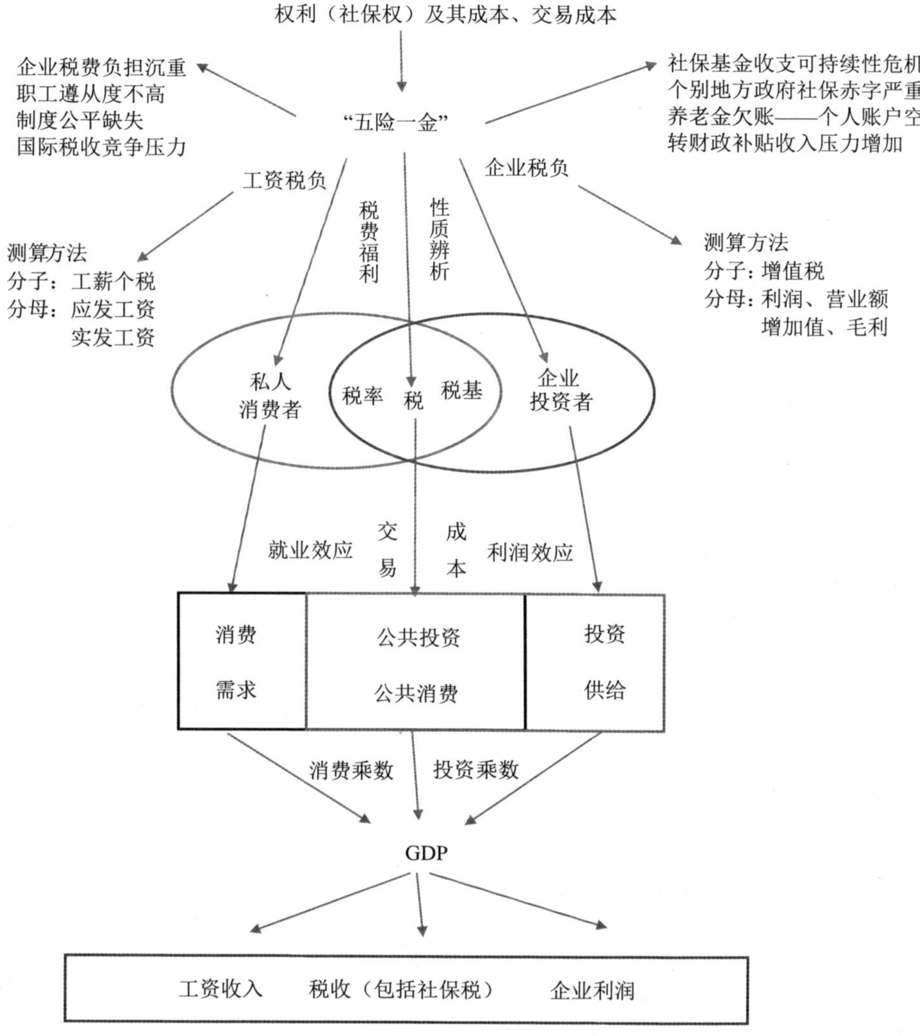

图1.2 逻辑图示

1.4.2 研究方法

（1）规范分析。针对关于"五险一金"的税费性质的分歧，依据现代税收理论中的同意性与公平性，本书辩驳了"税收三性"，并参考斯密的"税负转嫁"以及布坎南的保险"财政幻觉"，认为"五险一金"具有较强的税收性质。

对比中国与美国、德国在社会保险制度方面，尤其是“五险一金”的缴纳比例与工薪社会保障税税率之间的高低以及税收占比，可以提供可资借鉴的改革经验。另外，对比浙江省及台湾地区的社会保险缴纳比例、社保待遇等差异，可以发现中国各省份社会保险制度的缴纳比例较高，但由于负担较重、收益率低等多方面因素，企业及职工作为实际负担者的积极性不高，纳税遵从度较低。

（2）实证检验。本书应用“拉弗曲线”理论，验证社会保险缴费费率与社会保险缴费基数的关系，结论是“缴费费率不宜过高，否则缴费收入不升反降”，从而提出应适当调低社会保险缴纳比例，同时规范社会保险制度征收，逐步提高“五险一金”遵从度，以消除社会保险入不敷出的赤字隐忧。

本书还实证“五险一金”缴纳比例降低与职工可支配收入提高的相关性。“五险一金”缴纳比例降低，有以下三方面路径传导至职工的可支配收入：其一，降低“五险一金”的扣缴份额，直接提升职工的可支配收入；其二，“五险一金”的缴纳比例降低，可进一步降低企业税费负担，增加企业同期利润，进而能够提高职工工资；其三，降低“五险一金”缴纳比例可提高职工可支配收入，进而增加市场需求，扩大企业再生产，提升企业同期利润，实现职工的收入增加。

（3）案例访谈及调查问卷。本书借鉴社会学的研究方法，引入浙江某生产制造企业、福建某外资食品生产企业及荆州、天津、北京、广州等地企业及其职工访谈资料，分析在当前社会保险制度下，过高的税率及成本收益比偏高等问题导致企业或个体等市场主体社保缴纳遵从度偏低，即违背相关法律要求而选择性地非足额、非足员缴纳，进而致使在宏观方面出现社会保险征缴收入不足等问题。与此同时，对于如实足额、足员缴纳的企业来说，不仅制度性交易成本负担较重，且制度的公平性较为欠缺，由此引致的缴纳遵从度始终在较低水平上徘徊。

在对不同省、市的企业走访过程中，我们邀请企业家或其财务负责人填写有关企业税负及具体“五险一金”的调查问卷。问卷内容主要涉及近 5 年的企业用工数量、营业收入、利润以及税负轻重的变化，包括企业家对税负轻重的当下感受及近年变化、“五险一金”支出占同期利润比重、“五险一金”支出占用工成本的比重等原始数据。对所采集的数据进行分析比对，并与当地

"五险一金"征收标准进行对照，可查看地方政府，特别是税务、社保部门等对这一政策的执行状况，从而推测"五险一金"相关制度对当地企业及职工的影响。

1.4.3　重点、难点及创新之处

（1）问题的重点。围绕"五险一金"的税费性质展开辨析，通过梳理国内文献以及国外相关经验，我们认为"五险一金"的征收对劳动力市场发挥着"楔入效应"，影响同期劳动力供给及其均衡价格，并且随着"五险一金"缴纳比例的提高，政府相关部门在取得征缴收入的同时也产生经济学意义上的"死角损失"，与税收效果一致。因此，"五险一金"具有税收性质的本质特征得到明确。

在明确"五险一金"的税收性质基础上，从税负视角可见，我国当前以"五险一金"为代表的社会保险制度本为保障居民的生存权利，却在某种程度上成为企业及其职工的沉重负担，对投资、就业乃至社会经济发展产生了"副作用"。

如何妥善解决企业及职工社会保险负担过重的问题，兼顾社会保险基金筹资，以确保社会安全网的可持续运行？尤其是在国际税收竞争的大背景下，如何有效降低中国国内实体经济的税费负担？这些是创造就业岗位、提升居民收入等关系民生福祉的关键问题，也是需要我们侧重分析并尝试解决的。

（2）有待攻破的难点。在传统福利经济学视角下，"五险一金"被当作企业给予职工的福利，其所蕴含的税收性质被忽视。此外，由于"五险一金"具有较强针对性的返还性质，长期被作为"费"的概念来研究，这导致在现实中"五险一金"从征收、统筹到支出均存在不同程度的混乱，因此对"五险一金"自身性质的辨析便成为这一研究的难点之一。

以"五险一金"为代表的社会保险制度的维系，如何得到制度利益攸关方——政府及其经办机构、企业及其职工、居民等社会成员的有效遵从，同时在考虑降低当前较高的制度性交易成本的前提下，如何有效兼顾社会保险基金的收支平稳、可持续，这是我们要着力解决的难点之二。

从交易成本的视角来分析以"五险一金"为代表的社会保险制度如何保持制度自身的生命力，讨论相关制度政策在实施过程中如何保持执行力，从而

保障制度有用、能用、可自我纠错完善，这是我们要着力解决的难点之三。

（3）创新之处。本书明确地将“五险一金”视为具有鲜明税收性质的制度成本，并引入交易费用理论，认为以“五险一金”为代表的社会保险制度在征缴过程中不仅是企业税负的重要构成部分，也影响着职工税负，从而对私人投资及私人消费带来较为明显的“副作用”，这对劳动力价格非正常上涨、市场活力的异常下滑、国家竞争力明显衰落，均有不可忽视的影响效果。

我们尝试反思社会保险制度的现实矛盾，依序提出社会保险制度改革的推进方案，有社会保险制度改革的可行路径，有较大幅度降低“五险一金”缴纳比例，还有人力制度性成本作为增值税进项抵扣，另有社会保险费改税的全国统筹等，以期构建社会保险权、社会保险税及社会保险基金“三位一体”的现代财政制度推进方案。

另外，我们从企业及职工这一视角，聚焦征缴困境这一问题，研究以“五险一金”为代表的税收制度对民间投资及消费的影响，以区别于主流学者往往侧重征税者层面而忽视负税者一方，进而做到较为全面、客观地反映现实问题，并提出相应的解决方案。

第 2 章　交易成本视角下的“五险一金”研究：文献综述

“五险一金”，作为经济学概念，属于福利效用范畴，代表着个体满足感的提升程度，也代表着人类文明社会的发展方向。参考庇古的观点，福利效用具有主观性，福利效用的提升意味着主观意志所感知的不同状态，因此福利有大小之别[①]。学者们借用科学方法进行测度，通常采用货币这一测度工具来衡量经济福利的多寡，并认为“经济福利是经济科学的主要内容”[②]。

福利也可以被视作成本，尤其是公众为享受福利待遇而愿意支付的代价，比如税收，就是公民享受政府所提供的公共产品及服务而承受的必要支出。“五险一金”与之类似，是社会公民为享受医疗、养老、就业、住房等福利待遇所需要支付的必要成本。那么，这一社会成本的支付，势必对包括企业及职工在内的居民造成影响，对于影响的范围及利弊，经济学思想史的不同流派看法各异。另外，以“五险一金”为代表的社会保险是制度，也是公共政策，更凸显现实问题。从以上方面梳理“五险一金”的相关文献，侧重从交易成本角度分析并进行解读，以期为下一步的研究提供借鉴。

交易成本理论的提出，可以追溯至 20 世纪 30 年代的《企业的性质》一文，其作者科斯通过对真实世界的观察，比较企业组织与市场在资源配置中的异同，尤其是在市场价格机制的作用下，企业的诞生源于对交易成本的节约。科斯又在《社会成本问题》一文中提出，将交易成本用于解决市场主体之间的外部性问题，并与政府征税、补贴等管制措施进行比较，且更为倾向于通过市场这一无形的手，化解负外部性问题。科斯定理成为新制度经济学的奠基理

① ［英］A. C. 庇古：《福利经济学》，朱泱译，北京：商务印书馆 2006 年版，第 16 页。

② 同上。

论，后经阿尔钦、德姆塞茨、阿罗、巴泽尔等人的研究，开创出有别于古典经济学的研究范式。值得一提的是，张五常、诺斯等人将交易成本引入制度比较及变迁的分析，拓展了交易成本的内涵范围，且将以法律、法规为代表的制度的成本费用涵盖在内，周其仁称之为制度（体制）成本。近些年来，学界将其进一步明确为制度性交易成本，这也为法和经济学这一学科的发展提供更为宽阔的分析路径，同时为研究税收在楔入市场过程中对交易方所产生的影响提供了又一个新的分析视角。

2.1 交易成本影响下的现实问题

本章将交易成本理论落实在中国现实层面，分别从“五险一金”的税费性质争议、“五险一金”影响下的企业税费负担来评判“五险一金”为代表的社会保险制度的外部性，如对居民收入的影响、国际经验对比及未来改革的可能路径，以期为“五险一金”为代表的社会保险制度的嬗变提供反思借鉴，并为下一步的制度改革提供参考及启示。

2.1.1 “税”“费”性质

企业所缴纳的“五险一金”，在社会保障研究领域一般被称为社会保险。“五险一金”究竟是“税”，还是“费”，学界对此多有分歧。

按照国际机构如国际货币基金组织（IMF）的界定，中国的“五险一金”应归属于“社会保障缴款”一项，纳入政府财政的收入统计范围。其基本定义是，社会保障缴款是为了使雇员获得社会保险方面的福利待遇，雇主与雇员以工资收入的一定比例共同缴纳的强制性费用。

与此同时，IMF 认为，强制性转移收入是政府各个部门的收入来源，并且认为“某些强制性转移，例如罚金、罚款和大多数社会保障缴款不包括在税收收入中”。可见，IMF 并不将社会保障缴款纳入传统意义上的税收范畴。

经济合作与发展组织（OECD）发布的《政府收入统计》公报认为“强制性的社会保障缴款”是政府税收收入的构成部分，并将税收收入进行分类如下：商品及服务类如增值税、消费税等；针对工资收入征收的社保税、工薪税等；所得税如个税、企业所得税等；针对财产拥有所征收的财产税等。根据各类税种定义，社会保障税及工薪税均可称为“强制性的社会保障缴款”。

显然，“五险一金”的收费性质在国际上似乎并未得到广泛认同。那么，如果“五险一金”可称为“税”，当前中国“五险一金”制度是否应进行费改税的过渡，以正本清源，引起国内学界较大的争议。

早在 1999 年，魏凤春、郭志美（1999）考虑到城乡二元结构等现实条件，认为盲目开征社会保险税将对公平造成损害，并影响经济可持续发展。还有研究人员，如郑秉文（2007，2010，2018）依据“税收三性”（固定、无偿、强制）与“费”在供款与权益上的对称，认为社会保险符合后者，即拥有“费”的性质。郑功成（2001）认为，税收的公共性质与个人账户或完全积累制不相容，因中国实行统账结合模式，故不适合采用税收模式。

另有部分学者持相反观点，如邓大松（2012）认为，利用社会保险税的强制性、固定性，可以缓解社保筹资的困难，且避免资金管理和使用中的随意性和浪费现象。又如，庞凤喜（2011）考虑到今后的社保兑现危机，提出尽快实施费改税，以保障及时、足额地筹集到资金成为制度可持续运行的关键。还有刘植才（2008）从公共产品理论以及政府权能理论入手，提出开征社会保障税的现实意义：提高筹集效率、规范征收标准、提高监管质量等。同时，高培勇（2007）、安体富（2007）、刘剑文（2007）、邓子基（2011）均倡导，社会保险应实施费改税。

对于社会保险是费改税还是继续维持“费”的单一选择，郑秉文（2007，2010，2018）从国际趋势角度，阐述费改税仅为国际发展趋势之一，近来更为突出的是税改费，税费形式的选择有赖于中国自身的国情及当下社会保险的制度体系。庞凤喜（2011）对此进行了商榷，认为“费”或“税”并无本质区别，中国实行费改税，是基于社会保险征收机构统一主体、机构职责划分、制度实施成本等方面综合考虑，并予以驳斥。彭继旺等（2008）认为，费改税是中国社会保险筹资模式的理性选择，并对费改税的时机、条件与方案进行了过渡性设计。2017 年以来，丛屹等（2018）、冯俏彬（2018）、胡继晔（2017）、IMF（2017）认为，社会保险费改税时机已成熟且具有现实可行性，并提出相应的政策建议。

综上所述，围绕“五险一金”税费性质，至今依然存在较大分歧。部分学者囿于税收“三性”原则，尤其是无偿属性，判定“五险一金”作为有偿性的保险，属于缴费性质；部分学者基于收费的强制性不足等现实因素，考虑到降低社会保险基金赤字的预期目标，认为通过社会保险的费改税提高“五险一金”的征管能力及效率，有利于缓解这一宏观问题，并保障社会安全网的可持续运作。但是，我们对于“五险一金”自身的属性似乎认识不够，尤其较少注意到“五险一金”成为劳动力市场的“楔子”，作为企业与职工之间的交易成本，对私人消费及投资均产生影响，且鲜有借鉴国际相关税收理论及现实经验。

2.1.2 企业税负争论

改革开放40多年来，企业构成国民经济的重要一环，尤其是民营企业，税收贡献率超过50%，GDP及投资贡献率超过60%，高新技术企业占比超过70%，拉动就业达80%，新增就业贡献达90%。因此，对“五险一金”影响下的企业税费负担，尤其民营企业的税费轻重的衡量，成为财政学界近些年来的热点话题，但是争议往往较大。

本书借用交易成本理论，分析涵盖“五险一金”的税费负担，进而考察其影响企业这一市场主体的投资回报乃至是否进行再生产决策的程度。在“五险一金”的征缴过程中，在类似个人所得税中工薪一类的缴纳模式下，企业同样承担代扣代缴义务。但与个人所得税稍有不同的是，企业作为扣缴义务人对职工工资进行代扣代缴的同时，还需要配套缴纳其所承担部分的“五险一金”，这就引出企业税负沉重等问题，进而影响私人投资的积极性，乃至波及市场活力。但是，对于企业税负的衡量方法，尤其对于“五险一金”是否构成企业税负，在国内学界，也一直有较大的争议。

国外学者关于微观税负的文献相对较少，可能是此类问题早已得到基本解决，争议不大的缘故。Gupta & New Berry（1997）采用平均有效税率（AETRs），将以所得税为主体的平均税率推导为所得税税率，即当前所得税费用/息税前账面收益，类似平均实际税率的计算方法[①]。此方法被美国国会税收联

① Gupta S. Newberry K，Determinants of the variability in corporate effective tax rates：evidence from longitudinal data. Journal of Accounting and Public Policy，1997（16）：1－34.

合委员会[①]（1984）、Stickney & McGee[②]（1982）、Zimmerman（1983）、Porcano[③]（1986）以及 Shevlin[④]（1987）所近似[⑤]采用。Wilkie[⑥]（1988）采用纳税负担与税前经济收益的比值作为企业税负的衡量方法，即跳出所得税与增值税的税种差异，将企业所涉税种均作为纳税负担统一衡量计入分子，将企业税前利润统一作为分母，算为税前经济收益[⑦]。

在如何确认企业税负衡量标准的问题上，国内学界则存在着巨大分歧，一直没有找到能为各方都接受的计算方法和口径，但相关探讨没有停止过。相关学者根据企业所涉及的主要税种，如增值税、所得税等的性质，提出了一些有关微观税负、行业整体税负以及微观税负与宏观税负关系等方面的主、客观指标衡量方法。但是，对于“五险一金”这一企业制度成本的认识，尤其对其性质的分析，被学界长期忽视。

几年前，国内曾数次发生过对《福布斯》定期公布的“税负痛苦指数”的争论。该指数通过将企业所得税、个人所得税、财产税、雇主社会保险、雇员社会保险（雇主与雇员社会保险合称为“五险一金”）和增值税最高法定税率直接加总得出，虽有一定的参考价值，但其统计方法未考虑中外税制的结构差异。不少学者认为其有过于简化之嫌，对此学界没有太大争议，值得肯定的是，其在企业税负的学术研讨方面起了一定的推动作用。

在主观指标衡量法方面，于文超等（2015）分析不同法治环境下的税务检查对企业税负及生产效率的正、负影响，并在企业税负衡量指标中使用了“税率对企业当前运营形成多大程度的障碍”的因素分析方法，进而给出不同

① US Congress, Joint committee on taxation, study of 1983 effective tax rates of selected large U. S. Corporations (Washington, DC: Government Printing Office, 1984.): 4 - 8.

② Stickney C, V. McGee, Effective corporation tax rates the effect of size, capital intensity, leverage and other Factor. Journal of Accounting and Public Policy, 1982 (1): 125 - 152 .

③ PorcanoT, Corporate tax tates: the progressive, proportional, or regressive, the Journal of the American Taxation Association, 1986: 17 - 31.

④ Shevlin T, Taxes and off - balance - sheet financing: research and development limited partnerships, The Accounting Review, 1987 (3): 480 - 509.

⑤ 稍有不同的是，考虑到递延所得税费用、未合并子公司及非经常项目收益或损失、少数权益收益或损失等因素，公式略有不同。

⑥ Wilkie, Corporate average effetive tax rates and inferences about relative tax preference, the Journal of the American Taxation Association, 1988 (10): 54 - 73.

⑦ Zimmerman J, Taxes and firm Size, Journal of Accounting and Economics, 1983 (5): 119 - 149.

的取值（包括无、较小、一般、较大、非常严重等）①。在流转税方面，潘文轩（2013）②、高东芳（2013）③ 在分析“营改增”对企业税负的影响因素时，使用了税负率变化值这一指标，即“营改增”前适用的营业税与“营改增”后适用的增值税（含进项及销项税额及税率）两者之差与其营业收入相对比，用来评估企业税负的变化。

关于所得税的税负衡量，薛爽等（2012）借鉴吴联生的实际税负计量方法，将企业税负的计算公式确定为“所得税费用/税前会计利润”，进而基于企业所有权视角，研究 CFO 影响力与企业税负水平之间的关系④。张敏等（2015）认为，企业税负的计算方式为企业所得税的实际税率，即“所得税费用/息税前利润”（Porcano，1986），并基于委托—代理分析框架，以中国上市公司为研究样本，实证检验地方政府财政分权程度对企业税负的影响⑤。刘行（2014）⑥、罗党论等（2011）⑦ 通过对 2003—2007 年所有 A 股非金融行业的上市公司的实证分析，也认为对企业税负的衡量宜采用所得税负担，即所得税费用/税前会计利润的方法。其分析结果显示，金融发展所带来的公司融资约束的缓解有可能提升企业所得税税负，并且这种税负的提升主要集中在民营企业中。

也有相关学者意识到，企业税负应该是一个综合的概念，除了所得税，还应把流转税以及“五险一金”负担也包括进来。冯红霞（2008）以企业综合税收负担率、流转税负担率、所得税负担率综合衡量企业负担，其所讨论的税负具有更加广泛的含义，即包含国税、地税征缴的税、费、基金等企业实际承担的所有经济负担，认为这些税费终究是政府向企业收取、由企业用货币直接

① 于文超：《税务检查、税负水平与企业生产效率——基于世界银行企业调查数据的经验研究》，《经济科学》，2015 年第 5 期，第 70—81 页。

② 潘文轩：《“营改增”试点中部分企业税负“不降反增”现象分析》，《财贸研究》，2013 年第 1 期，第 95—100 页。

③ 高东芳：《“营改增”试点企业税负增加的原因及对策》，《财会月刊》，2013 年 14 期，第 89—91 页。

④ 薛爽：《CFO 影响力与企业税负水平——基于企业所有权视角的分析》，《财经研究》，2012 年第 10 期，第 57—67 页。

⑤ 张敏：《财政分权、企业税负与税收政策有效性》，《经济学动态》，2015 年第 1 期，第 42—54 页。

⑥ 刘行：《金融发展、产权与企业税负》，《管理世界》，2014 年第 3 期，第 41—52 页。

⑦ 罗党论：《产权、地区环境与新企业所得税法实施——基于中国上市公司的企业税负的研究》，《中山大学学报（社会科学版）》，2011 年第 5 期，第 200—210 页。

支付的，是企业真实的负担。同时指出，不含税销售价只是偷换概念的阐述，实质上就是售价中应支付的税务成本，故企业在销售利润中所缴纳的增值税也是企业真实存在的税负[①]。这以后又有刘骏等（2014）采用现金流量表中的“支付的各项税费－收到的税费返还”除以利润表中的“营业收入”，提出企业税负的测算的分子，应该包括流转税、所得税在内的缴费负担。研究选择了中国全部 A 股主板上市公司作为样本，深入阐述了国有上市公司税负显著低于非国有上市公司的观点，得出了政府合理控制有助于企业获得更低税负待遇的结论[②]。

从行业及企业整体税负衡量的角度，张伦俊等（2012）在计算工业企业税负时，以主营业务税负及增值税税负为衡量标准，计算方法分别为“主营业务税金及附加/主营业务收入”及“应交增值税/工业增加值”两个指标，认为行业税负不均，尤其是烟草、煤炭、石油、交通设备等行业税负偏重，超出全国平均水平，从中得出“国有企业税负大大高于其他类型企业”这一与国资委研究报告相一致的结论[③]。刘尚希等（2016）使用“企业总体税负”作为所缴纳的税收总额（企业所缴纳的各税种的税款之和）与主营业务收入的比值，根据企业成本费用收入占比这一数值，得出税收占企业综合成本比重其实很低的结论，认为“即使对企业全免税，至多也只能降低综合成本的 6%，这对企业而言也是‘杯水车薪’”[④]。

关于微观与宏观税负关系的探讨，汪德华（2015）[⑤] 关注到地区间的宏观税负与企业税负之间的差异，在宏观税负衡量指标中使用了“以经济体的年度全部税收收入占年度国内生产总值的比重”；在企业税负衡量指标中，使用了“由企业缴纳的所有税收除以企业增加值”，认为征管能力的程度影响宏观税负并作用于企业税负，进而通过企业税负影响到宏观税负水平。胡文龙（2014）[⑥] 将企业税负的衡量指标划分为宏观税负与微观税负两大类。在宏观

---

① 冯红霞：《我国税负水平与降低企业税负的税改研究》，山东大学 2008 年硕士毕业论文。

② 刘骏：《财政集权、政府控制与企业税负——来自中国的证据》，《会计研究》，2014 年第 1 期，第 21—27 页。

③ 张俊轮：《规模以上工业企业的行业税负研究》，《统计研究》，2012 年第 2 期，第 17—29 页。

④ 刘尚希等：“税收负担只占企业综合成本的 6%——来自中国财政科学研究院的调研数据的分析”，http：//finance. ifeng. com/a/20170124/15166377_ 0. shtml，2017 年 1 月 24 日。

⑤ 汪德华：《宏观税负与企业税负地区间差异之比较——基于工业企业数据计量分解的分析》，《财贸经济》，2015 年第 3 期，第 66—72 页。

⑥ 胡文龙：《企业税负衡量研究评述》，《中国流通经济》，2014 年第 11 期，第 115－122 页。

税负中，以公司税收占GDP比重作为衡量指标；在微观税负中，从法定税率、平均税率及有效税率三方面进行衡量。胡文龙还梳理了国外有关企业税负的计算方法，列举了国内学者许善达、陈晓、王昉、娄权、吴联生等人有关企业实际税负的衡量方法，进而得出结论：鉴于各国税收制度不同，宏观与微观税负测算中所涉及的税费具体内容值得逐一甄别。具体到微观税负，因学界尚未就此达成共识，故对于税负轻重的评判较难定论。尤其是对于“五险一金”在宏观与微观税负方面的认识，学界依然分歧较大。

比较上述观点，“五险一金”所影响的企业税负不仅是一个反映其税额总和的绝对值概念，也不仅是反映税额占营业额、净资产或者净利润某个比例的相对概念，可见问题之深刻、复杂，表现在如下几个方面：如采用福布斯的税率简单相加方法，存在忽视税种之间的不同性质和不同国家间税制差异的问题；如采用调查问卷中的主观评价法，则较难掌握数据分析的客观性，可能出现有关偏颇的评判结果；如因袭所得税占其息税前利润这一传统西方视角，则容易忽视我国企业用工成本中特有的“五险一金”负担（为劳务税性质）、企业实际承担的增值税及其附加税比例较高等问题，难以全面反映企业税费负担的真实情况；如合并选择增值税占其增加值比重、所得税占其利润比重这两个分指标构成的综合评价体系，虽较为全面，但难以区分增值税及所得税各自所占的权重，同时，容易忽视附加税因素和“五险一金”等强制性成本支出；如选择企业整体税负的概念，在概念上依然没有加入“五险一金”这一类税型负担，同时其分母或以综合成本或以主营业务收入，导致税负占比自然变小的问题。总之，每一种衡量标准都各有所长，也有所短，究竟哪种方法更能客观反映企业税费负担对企业生产经营的影响，这是亟待学者进一步探讨和决策者慎重思量的问题。

本书借鉴世界银行的“总税率”概念，即以企业所承担的所得税、劳务税及其他强制性缴费之和与企业的净利润之比为衡量标准。采用这种方法，是综合参考了Wilkie①提出的“纳税负担”、冯红霞（2008）②等人提出的“税利率”等观点，在假定增值税可以顺利流转的前提下，将企业生产经营过程中实际支付的税费负担，包括企业所得税、雇主配套支付雇员的“五险一金”

---

① Wilkie, Corporate average effetive tax rates and inferences about relative tax preference, The Journal of the American Taxation Association, 1988 (10): 54 – 73.

② 冯红霞：《我国税负水平与降低企业税负的税改研究》，山东大学2008年硕士毕业论文。

这一交易成本，以及在增值税基础上所缴纳的城建税、教育费等附加税等，与企业实际经营成果——净利润相除而得出的比值作为依据。在计算企业实际税负（上市企业及非上市企业）时，则主要以刘骏等（2014）提出的现金流量表中“支付的各项税费”作为分子，结合现金流量表及资产负债表，计算“当期应交税费”[①] 作为政府从企业获得的税费收入，从而提出倡导的企业实际税负计算公式，即税利率 = 当期应交税费[②]/商业利润[③]。容易引起争议的是将“五险一金”支出列为劳务税，目前我国的财务核算是将其作为“应付职工薪酬”中的员工福利列在会计报表中，但它属于强制性收费，直接减损企业当期利润，具有较为鲜明的税收性质。

综上所述，这种计算方法或许更具有合理性和可行性。其中的关键问题是分子和分母的口径一定要匹配：凡企业实际支付、不可转嫁的和直接减损企业利润的税费成本都应计算在内，凡并非企业实际承担的税费成本，即使由企业实际支付了的亦绝不能计算在内。当然，这只是理论层面上的讨论，实际应用于统计和测算过程中，还需要做更为细致的探讨、分析。

2.1.3　税负与居民收入

一般经济学理论表明，更高的产值及更多的劳动收入是劳动力工资上涨的结果。相关的文献研究也同样证明，当企业税率更高时，工人工资相对较低。而企业的税率高低，同样包括“五险一金”负担的轻重。资本化程度越高，可以为资本所有者带来更多的附加值，同样也为工人带来更多的工资。

交易成本理论启示我们，职工所承担的税负，往往作为市场主体运营成本的一部分。由于税收的介入，这部分税负通过交易行为进行转嫁，尤其表现为企业税费负担的转移。因此，学界较为集中地探讨职工或者居民所承担的企业税负比例。早期的文献，如 Harberger（1962）[④] 研究在一个封闭的经济体下，资本仅在该经济体内流动，其发现包括以“五险一金”为代表的社会保险税

---

① 现金流量表中“收到的各项税费”一般远小于“支付的各项税费”，在实际计算中忽略此项；因此，“当期应交税费 = 支付的各项税费 + 应交税费（期末）－应交税费（期初）”。

② 并不包括“五险一金”在内的劳务税。

③ 实际将商业利润以如下三种形式呈现：“净利润、税前利润、营业收入”。

④ Harberger A C, The incidence of the corporate income tax, the Journal of Political Economy, 1962 (3): 215－240.

在内的企业税负，全部由资本所有者承担。但是，这一研究在当今经济全球化——资本自由流动、劳动相对静止的状况下，已不适用。如 Felix（2007）[①] 研究认为，企业所得税的降低能够实现包括低技术、高技术在内全体工人的工资提升。Arulpalapam（2012）[②] 发现，工人约承担了 50% 的企业税负；Desai（2007）[③] 预测工人承担的税负比重约为 45%—75%。Gravelle、Smetters（2006）[④] 认为，当资本跨国流动较为一般时，工人承担的企业税负约为 21%，但是，当资本可以自由流动时，工人承担企业税负比重为 73%，经验数据表明，劳动的承担比例与国际资本的转移效率呈正相关关系。Randolph（2006）[⑤] 发现，职工至少承担了 71% 的企业所得税比重，59%—91% 取决于具体的情况。Jensen、Mathur（2011）[⑥] 认为，职工承担的企业税负大于 50%。也就是说，考虑企业税负中包括雇主为雇员配套负担的社会保险税如“五险一金”等制度成本，其实际承担者及承担比例，均取决于劳动力市场供求弹性的大小，而非社会保险税的名义税率。

另外，关于平均工资与最高企业税率的弹性关系，企业税率每变动 1%，将影响职工工资变动最多可达 1%，最少可达 0.1%。Hassett、Mathur（2006）[⑦] 对 65 个国家 25 年的数据研究表明，制造业的职工工资在最高边际税率变化的五年后可以低至 -1，考虑控制变量的变化，可能上升为 -0.3。对此进行扩展，Felix（2007）[⑧] 加入职工教育水平这一变量，发现企业所得税与职工工资的弹性关系是 -0.4，同时分析了分布效应，发现企业税率的变动对

① Felix R A, Passing the burden: corporate tax incidence in open economies, LIS Working Paper Series, 2007.

② Arulampalam W, Devereux M P, Maffini G, The direct incidence of corporate income tax on wages, European Economic Review, 2012 (6): 1038 - 1054.

③ Desai M A, Foley C F, Hines J R, Labor and capital shares of the corporate tax burden: international evidence international tax policy forum and urban - brookings tax policy center conference, 2007.

④ Gravelle J, Smetters K A, Does the open economy assumption really mean that labor bears the burden of a capital income tax? Advances in Economic Analysis&Policy, 2006.6 (1).

⑤ Randolph, William C, International burdens of the corporate income tax, Congressional Budget Office Working Paper 2006 (9).

⑥ Jensen M H, Mathur A, Corporate tax burden on labor: theory and empirical evidence tax notes, 2011: 1083 - 1089.

⑦ Hassett K A, Mathur A, Taxes and wages, AEI Working Paper, 2006.

⑧ Felix R A, Passing the burden: corporate tax incidence in open economies, LIS Working Paper Series, 2007.

低、中、高技能职工（以受教育水平为衡量）的影响没有不同。Felix (2009)[①] 研究得出，美国最高边际州企业税率降低 1%，职工工资可以在 1977—2005 年实现 0.14%—0.36% 的增长，在 2000—2005 年可以实现 0.45% 的增长，这一结果约比跨国流动下的弹性高出 -0.1 至 -0.2，再次证明在税负视角下劳动力与资本流动性的大小对所承担税负比重的影响。Desai (2007)[②] 以美国雇主超过 15 年在 50 个国家的投资项目为研究对象，显示了企业税率影响下的职工工资变动。作者同时验证了企业所得税变动对职工工资及资本利得的影响。职工负担的企业税率变动保持在 45%—75%，对于美国企业税率的分析表明：企业税率每上升 1%，职工工资下降 0.3%。这一企业税率，不仅包括通常所理解的企业所得税税率，而且包括雇主与雇员所承担的社会保险税税率。因此，包括社会保险税税率、企业所得税税率在内的企业税率，与雇员工资的关系可谓密切。

国内方面，学界围绕“五险一金”对职工工资影响的研究，也主要侧重在养老保险缴费方面。孙祁祥（2001）分析中国养老保险制度改革历程，发现养老保险改革遇到收支不抵以及个人账户空账运行等核心问题，认为养老保险的 24% 缴费费率很高但收支不抵，并认为“退休人员增长高于在职职工增长，保险收缴率下降，缴费基数过低”等因素以高费率开始、以低收入终结，从而提出坐实个人账户、改革工资制度等建议。白重恩等（2012）对养老金缴费对家庭消费及储蓄的影响进行实证研究，认为如果社保水平的提高最终通过增加职工的缴费负担来实现，这将导致职工当前可支配收入的下降，从而抑制总消费。郑秉文等（2004）[③] 研究提出，英国养老制度改革缩小原有的现收现付制，并引进积累制，有利于财政收支的长期改善、增加居民家庭储蓄、提供劳动力市场弹性、降低企业成本、提高企业竞争力。杨翠迎（2003）[④] 将经济发展与社会保障相联系，探讨两者之间的相关性，认为如果社保水平增长过

---

① Felix R A, Do state corporate income taxes reduce wages? Federal Reserve Bank of Kansas City Economic Review, 2009, Second Quarter.

② Desai M A, Foley C F, Hines J R, Labor and capital shares of the corporate tax burden: international evidence, International Tax Policy Forum and Urban - Brookings Tax Policy Center Conference, 2007.

③ 郑秉文、胡云超：《英国养老制度市场化改革对宏观经济的影响》，《国际经济评论》，2004 年第 1 期，第 55—61 页。

④ 杨翠迎、何文炯：《社会保障水平与经济发展的适应性关系研究》，《公共管理学报》，2004 年第 1 期，第 78—85 页。

度，将产生财政赤字、失业上升、拖累企业竞争、劳动力积极性缺乏等不良的社会经济影响。

唐伟伟（2016）以银川市城镇职工养老保险欠费、逃费问题为研究对象，从制度、企业及职工三方立场分析，认为制度设计以及执行不足是私营企业等市场主体欠费、逃费的根本原因，直至高费率造成断保及弃保问题，从而提出降低费率、提高统筹层次等有针对性的解决对策。许志涛等（2014）发现，不同所有制企业的社会保险的缴费能力存在较大差异，现行社保缴费费率高于私营企业承担能力，如不改革现行缴费费率，将导致就业需求及劳动力工资增长下降。秦增元等（2012）利用城镇生活与价格年鉴数据对养老保险逃费进行定量研究，计算得出中国实际征缴率仅为63.14%，存在严重的逃费、欠费问题。

综上所述，国内学者在研究以“五险一金”为代表的社会保险时，较少关注到“五险一金”的个人扣缴部分（企业作为义务扣缴人）作为企业与职工交易成本的一部分，是职工工资税负的重要构成，对职工的可支配收入产生影响，进而忽视“五险一金”的征收对私人消费所起到的直接影响效果。消费、投资、出口在经典经济学理论中，被视为拉动GDP的“三驾马车”，而“五险一金”的征收直接对私人消费及私人投资这“两驾马车”造成影响。另外，“五险一金”通过影响劳动力成本，加重企业生产经营成本，这对于我国出口型劳动密集企业的影响，也应引起相当的重视。

2.1.4 国际经验借鉴下的改革路径

对于社会保险基金预算管理的反思，张荣芳、熊伟（2015）[①] 依据社会保险基金所有权属于参保人而非政府等法权原理，提出应落实宪法赋予的社会保险权，因为这关系公民权利及政府义务，无须进行年度预算审查，但考虑到政府补贴社保基金的合理性及必要性，政府须向权力机关提交预算报告。郑秉文、房连泉（2007）[②] 对世界各国社会保障供款征缴的分征、代征、混征三种

---

① 张荣芳、熊伟：《全口径预算管理之惑：论社会保险基金的异质性》，《西北政法大学学报》，2015年第3期，第159—169页。

② 郑秉文、房连泉：《社会保障供款征缴体制国际比较与中国的抉择》，《公共管理学报》，2007年第4期，第1—16页。

模式进行实证及案例研究，基于中国社保历史成因及现实国情，提出中国的当前双重征缴体制（地方政府享有供款征缴主体的选择权）的替代方案应以三年为过渡期，逐步转为社保部门的代征模式。

张向达（2012）[①] 借鉴罗尔斯等人的社会正义论，引入社会保障伦理关于从父爱主义到公民权利的转变的相关阐释，以分配正义为原则，为中国的社会保险制度改革提供伦理学意义上的借鉴。郑秉文（2004）[②] 提出，传统现收现付制经历 100 多年发展，但 1970 年之后，各主要国家纷纷日益面临收不抵支的财政困境，竞相实施改革，总体趋势是实现从“非商品化”到“再商品化”的私有市场；在对于社会保险基金的管理方面，使用信托基金管理、商业性经营基金管理、基金会管理模式等，实现自主及相对独立，并进一步实现保值增值的目的。庞凤喜（2006）[③] 对比国际经验，建议中国实施分离制衡式的基金管理模式，改变目前的“政事合一”架构，实现筹资模式与管理模式的有效衔接。

在社会保障支出水平的国际比较方面，财政部社会保障司课题组（2007）[④] 将人口老龄化、经济增长、政府间社保事权划分与社会保障支出水平进行对比，并测算以上诸项的相关性，提出中国的社会保障支出改革需要注意与特殊历史背景的结合，扩大社会保险覆盖面，提高支出效率，明确各级政府社会保障事权等。彭雪梅等（2015）认为，社保经办机构作为征收主体，其工作总体好于地方税务机构负责征收，且更有效率，同时可以在提高社保征缴率、经济发展等方面带来较为明显的影响。

封进等（2010）从全球化视角研究中国省级社会保险水平的异同，认为经济的全球化副作用于社会保险支出占 GDP 的比重，尤其影响养老保险，且东部地区外贸规模大，使养老保险支出占 GDP 比重较低。苏中兴（2016）通过国际比较发现，中国基本养老保险费率过高，因此，企业普遍反映社保缴费

---

① 张向达、程雷：《论西方社会保障的伦理嬗变及启示》，《伦理学研究》，2012 年第 1 期，第 54—58 页。

② 郑秉文：《OECD 国家社会保障制度改革及其比较》，《经济社会体制比较》，2004 年第 115 期，第 111—123 页。

③ 庞凤喜、洪源：《借鉴国际经验构建我国分离制衡式社会保障基金管理模式》，《中共南京市委党校南京行政学院学报》，2006 年第 1 期，第 64—67 页。

④ 财政部社会保障司课题组：《社会保障支出水平的国际比较》，《财政研究》，2007 年第 10 期，第 36—42 页。

负担过重，但由于老龄化及缴费基数不足导致社保支出缺口加大，提出延迟退休年龄、加大政府转移支付力度等建议。王增文等（2009）实证测算缴费主体适度的缴费比例，并结合相应的财政收支状况，认为个人缴费率已超过企业承受能力，但在农村尚有提升空间。黎民等（2004）、徐志仓（2005）、李喜燕（2009）、曾益武（2010）等均从民营企业视角进行研究后发现，民营企业在社会保险缴纳方面存在覆盖率低、负担重、积极性不高且欠费、逃费严重等问题。杨波（2013）在企业资产负债表的基础上，计算企业社保负担率，通过实证检验得出结论，认为法定费率之和普遍高于企业实际社保负担率。刘旭东等（2011）认为，当前以职工工资为基础的征缴方式，导致不同类型的企业面对不同的缴费负担，加剧企业间的不公平，因此，提出社会统筹部分以企业利润为基数、个人账户部分以职工工资总额为基数的征收方式。刘鑫宏（2009）将企业社保缴费水平指标化，并作为企业劳动成本的重要组成部分，从而提出企业社保缴费确定依据在于企业利润的扣除，实证测算企业所承担的社保费区间为0—18.68%，因此得出"当前企业社保缴费费率在较高水平运行"的结论。封进（2014）认为，社保中的雇主缴费可转嫁到员工工资，劳动力供给类型的不同导致雇主的转嫁能力不同，研究调查数据后认为，员工工资受企业缴费影响不显著，但对受教育程度较低的职工，企业将其缴费的部分以较低工资的方式进行转嫁，由此可知当前社保缴费的高水平导致收入差距的拉大，且提高了企业运行成本。朱文娟等（2012）认为，社会保险费的经济归宿受劳动力供求、工资弹性以及缴费—收益预期三方面的影响，如果社保费成本不能完全转嫁给劳动者，则对就业产生不利影响，中国当前社保制度的高费率以及《社会保险法》的实施，将带来较为严重的就业风险。范志旺（2013）认为，《社会保险法》的实施导致企业社保费用支出增加，人工成本急剧上涨，市场竞争力下降；并对北京市西城区参保单位通过问卷调查及实证评估，研究认为，社保费费率过高对人工成本竞争力影响较大。

综上所述，对于"五险一金"当前较高的费率对劳动力供求、企业成本负担的影响，学界多有关注，但站在企业税负的角度，明确"五险一金"的税收性质，从而以交易成本的视角探讨"五险一金"征收对企业及职工的影响，学界尚未充分展开。

"五险一金"在劳动力市场上引起"无谓损失"，企业在缴纳"五险一金"时不仅付出法定金额，而且承担遵从成本，表明其是具备税收性质的成本负担，而不适合归类为罚没、罚款等政府非税收入。此外，借鉴如 OECD 及 IMF 的认定标准，我们认为社会保险的“五险一金”应属于专款专用性质的特殊税收，类似美国的税收体系相关设置，各项工薪税收入及其所应对的社会保险专项支出，与中国“五险一金”收入形成的社会保险基金预算一致。因此，在中国，“五险一金”在一定程度上应视为税收，其属于较为特殊——具有专款专用性质的一种，这是开展“五险一金”对企业税负、职工税负影响作用研究的前提条件，也是研讨“五险一金”对私人投资及私人消费影响的必经之路。

2.2　制度性交易成本相关探讨

在制度理论层面，相关研究集中在制度创立的价值原则、人的行为集合构成、规则评判标准、制度的演化、公共规则的遵守等方面，阐释社会保险制度的理论产生、发展继而变迁的依据。在政策经验层面，相关研究引用米塞斯的“自由主义”、科斯的“社会成本”、布坎南的“私利追求”、哈耶克的“保障底线”、奥斯特罗姆的“公共产品”理论，阐释社会保险制度在公共政策中的利弊影响效应。

保险，意味着保险人与被保险人围绕风险进行的保险费及保险金额之间的交易。社会保险类似于此，政府及其社保机构、企业及其职工、居民围绕未来可能出现的养老、疾病、工伤、生育、住房、失业等风险，进行的互利交易行为，也可被看成投资选择行为。以“五险一金”为代表的社会保险制度能否可持续运行，不仅在于《社会保险法》的强制性出台，更在于如同亚当·斯密所言，立法实施需要顺应社会中每个“棋子”的运行原则即自利性地趋利避害，否则将会造成社会的混乱不堪[①]。

2.2.1　默会知识与寄生者

社会保险是一种制度，而制度作为一系列正式及非正式规则的汇集，包括

① ［英］弗里德里希·奥古斯特·冯·哈耶克：《法律、立法与自由》，邓正来译，北京：中国大百科全书出版社 2000 年版，第 52 页。

人的认知及行为。同时，哈耶克在《法律、立法与自由》一书中强调“知道如何”的“默会知识”[①]，也起着重要作用。

“默会知识”根植于文化传统，也起着重要作用。《社会保险法》的实施使社会保险的征收具有强制性，但其作为制度，与社会相伴而生[②]，对法律条文的有效遵守，离不开社会每一个成员对规则的服从[③]，如此才能保证制度规则的公平。

正如多数学者认为的那样，市场失灵时需要政府强制介入，以保障在自由竞争市场中失败且处于劣势地位的竞争者基本的生存权利，因此才诞生了英国1834年颁布的新《救济法》、1942年由贝弗里奇发表的《贝弗里奇报告》、德国俾斯麦时期的《疾病保险法》、美国1935年罗斯福新政时期颁布的《社会保障法》。

与上述历程不同的是，麦克法兰在《现代世界的起源》一书中发现早期保险性质的“民间信托”起源于15世纪，英国民众为了逃避政府所征收的遗产税，自发签订互助契约，确定各自财产指定受益人，这一“信托”机制影响深远，甚至影响了当时公共工程的私人修建，如灯塔、道路、桥梁等。

因此，在法律诞生以前，人们的“默会知识”支配着人们有关社会保险的行为选择，尤其在相关法律形成文字得以表述之前，有赖于从“知道如何”（knowing how）[④] 到辨识他人的行为，并作出是否符合公序良俗的判断，这一点在社会保险制度的建立与形成中也体现得尤为突出。

对于不遵守公共规则的“野蛮人”来说，罗斯巴德认为其是“寄生者”，并对其寄生及掠夺行为进行了批判。例如，现有国有企业退休职工的养老金，由于历史原因国企职工并未缴费，但享有养老待遇，基本可视为“搭便车”，更为准确的是，在享受权利之前，并没有付出等价的成本，即并未足额、足员缴纳“五险一金”，这导致社会保险制度“代际不公”的加剧。

---

① ［英］弗里德里希·奥古斯特·冯·哈耶克：《法律、立法与自由》，邓正来译，北京：中国大百科全书出版社2000年版，第114页。

② ［英］弗里德里希·奥古斯特·冯·哈耶克：《法律、立法与自由》，邓正来译，北京：中国大百科全书出版社2000年版，第113页。

③ 同上。

④ 同上。

2.2.2　人事、配套制度及其变动

作为制度的研究，哈耶克提出“默会知识”一说，钱穆亦有关于制度不能离开人事、配套制度及其变动的类似见解：“制度虽像勒定为成文，其实还是跟着人事随时有变动。”

而经济学家曼昆在《经济学原理》中认为，在市场中，“人们面临权衡取舍”，社会保险同样可以类比商业保险的市场交易行为，“某种东西的成本是人们为了得到它所放弃的东西”。

为了应对将来养老、医疗、失业、生育、工伤等风险，公民放弃一部分可支配收入，以便实现个人生命的延续及社会人群的生命权保障。因此，“人们会对激励做出反应”[①]。类似于曼昆的理性人自利行为，弗里德曼在《价格理论》一书中也同样强调人的理性选择及其行动效率：“作为一个理性消费者行为的结果，商品的价格（消费者所付出的成本）等于价值（商品对消费者的满足程度），总是与选择联系在一起的。”

以“五险一金”为代表的强制性社会保险将保险受益人可支配收入的一部分以社保费的形式交予公共机构，以实现社会保险预期的承诺福利，但是，公共资金——社会保险基金对于使用者而言，往往是不经济的，或者说不能克勤克俭，如弗里德曼所言：“花自己的钱做自己的事最有效率，花别人的钱做自己的事最浪费。”因此，以“五险一金”为代表的社会保险制度离不开对个体行为乃至集体抉择方面的考量。

2.2.3　一个演化视角

不仅仅从人事的视角，从制度的演化理论视角，钱穆亦有贡献：“某一制度之创立，绝不是凭空忽然地创立，它必有渊源……某一制度之消失，也绝不是无端忽然地消失了，它必有流变。”

但诺斯在《制度、制度变迁与经济绩效》一书中不仅同意哈耶克的“默

---

① ［美］格里高利·曼昆：《经济学原理》，梁小民、梁砾译，北京：北京大学出版社 2012 年版，第 4—7 页。

会知识”，而且将经济或政治企业家引入演化动态的角色定位，认为“制度变迁的装置，为那些试图使它们的边际最大化的政治或经济企业家提供最有利的（短期）选择”。

同时，诺斯认为，“行动者的观念”在制度变迁中起着更为关键的作用，“因为意识形态观念对模型的主观建构的过程影响了选择”。另外，诺斯认为，关于制度的变迁，不论是其锁闭还是路径依赖，远比技术的行程更为复杂，这其中涉及“影响制度变迁的谈判力量有差异的许多行动者”及“许多非正规制约赖以存在的文化遗产”相互作用。

以“五险一金”代表的社会保险制度发展至今，离不开制度的演化。当前制度性的征缴困境，也来自制度的变迁，尤其是初衷为民的制度设计，嬗变为企业及职工的税费负担，即“五险一金”的过多征收导致企业及职工所承载的交易成本过大，于是，社会公众的理性选择便是逃避这一税负，从而导致当前社会保险制度的缴纳激励机制并不完善，进而引发社会保险收支赤字的隐忧。

2.2.4 利弊评判

钱穆对制度进行了评判，认为应该回归中庸视角，谈到某一制度的成败得失，尤其需要关注当时这一制度攸关方的意见表达及博弈[①]，这些意见及博弈是这一制度成败得失的关键依据。

西方的诺斯则认为“制度决定了交易的成本有多大”[②]，同时阐述了决定交易费用大小的变量，“一些制度事实上提高了交易费用，如限制进入的规则、进行无用的检查或使产权更不稳定”，并且判定交易成本的大小与市场和制度自身的协调性相关，“由于市场是不完全的，各地的制度是由一个降低成本的部分与提高成本的部分两方面构成的混合物”[③]。

因此，评判制度优劣的另一个标准是公众根据理性选择做出的公共决定，

---

① 钱穆：《中国历代政治得失》，北京：生活·读书·新知三联书店 2012 年版，第 6 页。

② ［美］道格拉斯·诺斯：《制度、制度变迁与经济绩效》，杭行译，上海：格致出版社、上海三联书店、上海人民出版社 2014 年版，第 85 页。

③ 同上，第 133 页。

“只有得大于失的行为才是人们所追求的”①。

尤其在制度的变革过程中，必须对比市场机制与政府机制所引发的运行成本差异，进而考虑其“总的效果”②，由此实现经济学对现实问题的研究方法转变③，这与当前的主流研究方法较为不同。

对于以“五险一金”为代表的社会保险制度，关于其利弊的评判，不仅在于微观单位个体的自利选择，而且取决于宏观上“五险一金”相关制度的外溢性，进而影响社会公众的理性评价，尤其是制度遵从度的高低。

2.2.5　价值意涵

从米塞斯论述的德国国家主义方案精髓“大凡秩序良好的社会，都不会冷酷无情地让穷人和丧失能力的人饿死”，到现代社会所提倡的社会保险权对于人们“免于匮乏自由”的人权保障，这些不仅与经济社会发展水平息息相关，而且折射出其法律基础及价值意涵。

的确，关于社会保险制度的相关价值理念，随着社会经济的发展在不断变迁与演化。如同米塞斯所言，“随着整体生活水平与资本主义的发展携手并进，对穷人的救济也得到了改进。同时这种救济的法律基础也发生了改变——过去穷人不能提出权利主张的慈善活动，如今变成了社会的责任”④。

因此，钱穆认为“这些制度的后面，自然必有其立论的根据”。在《中国历代政治得失》中，钱穆以汉武帝时代的“盐铁政策”为例，提出其理论依据不仅在于古代井田制度与山泽禁地之在法理上的所有权之区分，而且在于少府与大司农的税收分配植根在政府与皇室之间的相对财政独立，而由此再引申出“盐铁官卖”这一辩论及其必然结局。同时，哈耶克也在《通往奴役之路》中谈到社会保险制度的边界，即不侵犯个人自由与权利。哈耶克警告道，政府往往以社会保险的名义，承诺为此提供保障，但是，在现实中，常常与个人自由相抵触，并限制市场的正常竞争，最终对个人权利造成损害。

---

① Coase R H, The problem of social cost, The Journal of Law and Economics, 1960 (3): 1 - 44.

② 同上。

③ 同上。

④ [奥地利] 路德维希·冯·米塞斯：《社会主义》，王建民译，北京：中国社会科学出版社 2012 年版，第 445 页。

综上所述，对于以“五险一金”为代表的社会保险制度，在有关制度理论层面的研究，可以参照米塞斯“人的行为”作为研究视角。在制度的异化方面，采用诺斯、科斯的“交易成本”作为衡量尺度，从而构建哈耶克所言的“默会知识”影响下的有关社会保险的公共秩序，避免出现罗斯巴德所批评的“寄生者”或“搭便车者”，回归“社会保险权”这一现代社会的权利保障制度初衷。

2.3 “降成本”视角下的公共政策理论

社会保险是现代社会与每个公民息息相关的制度安排，如何实行有关社会保险的一系列经济社会政策，学界对此也有较多分析论述。

2.3.1 人的行为

奥地利学派代表人物米塞斯不仅在《人的行为》一书中对经济的研究方法进行行为层面的反思，而且对经济政策也有类似的见解——经济的自由指个体选择各自的方式融入社会，个体有能力选择其事业，选择其想做的事情。

对于社会保险，米塞斯从自由市场各负其责的角度提出，允许独立的个体因选择的自由不断试错并为此承担责任（自负盈亏），驳斥参保选择的强制性，其近百年前的著作《社会主义》，将“强制性的社会保险”作为“破坏主义”的表现方式之一。

与此同时，米塞斯从社会保险的出资人角度进行分析，认为社会保险对生产力的破坏，即雇主所付出的社会保险可能导致劳动边际生产率的下降，进而影响雇员工资的上涨。也就是说，雇主将社保税的成本支出转嫁给雇员，“那么显然是工人直接或间接为它交费”①。

---

① ［奥地利］路德维希·冯·米塞斯：《社会主义》，王建民译，北京：中国社会科学出版社2012年版，第445页。

2.3.2　公共产品及其成本

在实施一项经济政策或者制度时，尤其需要注意其运行的成本及其收益。在这里，本书引入“机会成本”[①] 概念，借鉴商业竞争原理，将不同制度安排下的产出进行比较，从而找出较优解。

以提供社会公共产品及服务为初衷的经济政策或制度，也同样应注意到政府管制带来的种种弊病。比如体制运行成本，“有时它的成本大得惊人”[②]。即使在政府进行代理的条件下，也不应放弃委托人应有的监督、制约的权利意识，即政府可能并不会自发提高经济制度的运行效率，尤其是在缺乏竞争（类似政治的投票市场）的环境下。由此，民众须时刻警惕政府的规模过大，也就是预防税收增速过快，这是因为与市场自身运作效率相比，政府较易出现低效、浪费等问题。有鉴于此，可以得出的结论是，政府的管制未必好于市场自发的解决，同时，政府的管制，并不一定带来经济产出的增加。

公共产品的范围还包括公共制度所提供的市场秩序，即为维护市场秩序的可持续，社会公众应付出一定程度的成本。在“五险一金”所代表的社会保险制度下，政府强制性分配、提供的公共产品，其产品的成本，皆由企业及职工来承担。因此，公共成本的高低，或者说，由体制成本所决定的交易成本的大小，直接决定企业当期利润及职工可支配收入的多寡。尤其是公共产品的收支运营较易出现的“搭便车”“公地悲剧”等问题，往往导致公共产品高成本、低收益运行，在一定程度上，加重企业及职工的税费负担。

2.3.3　最低限度的保障

首先，哈耶克对社会保险这一规避风险的经济政策设计并未表示反对，但是应该注意社会保险的征收应维持在最低限度，即维持在保持健康和工作能力的、衣食住方面的最低限度的条件上[③]。

---

① Coase R H., The problem of social cost. The Journal of Law and Economics, 1960 (3): 1 - 44.

② 同上。

③ ［英］弗里德里希·奥古斯特·冯·哈耶克：《通往奴役之路》，王明毅译，北京：中国社会科学出版社 2015 年版，第 139 页。

进而，哈耶克也道出了社会保险存在的必要性，即社会保险意味着政府须担负起某些领域内避免灾害以及减少灾害损失的责任，尤其是疾病和事故等方面，因为这些领域“不会因政府提供了援助而被削弱”[①]。

对于围绕社会保险构建的政策体系，哈耶克也阐述了其认为的建立社会保险制度的相应规范及边界，即“为了维护自由，一定程度的社会保障也是不可少的……但危害最大的是，现在在知识分子意见领袖中，流行以自由为代价来盛扬保障”[②]，而这将使社会在无形中丧失更为珍贵的自由。也就是说，保障虽然必要，但以自由为代价的保障，值得知识分子警惕甚至反对。对此，让秉持自由主义思想的哈耶克尤为警惕的是，以自由的丧失作为代价而获得所谓的暂时保障，这种行为是不值得的，尤其是同时面对自由与保障两者时。哈耶克的观点是，宁愿选择自由而放弃保障[③]。

2.3.4 公共选择视角

对于经济政策，究其经济动因——对私利追求的分析，显得尤为重要与突出。但是，需要注意的是，制度的建立在鼓励追求私利时，应该引导对私利的追求与整体目标的相容性，即“相一致而不是相反”[④]。

基于私利的交换实现互利，出台经济社会政策，只有考虑到个人与国家的互惠互利，才可能形成合作秩序——无论是政治还是经济，都涉及人与人之间的合作，这就离不开个人作为行动者对其效用利益的测量，唯有效用的提升，才能实现共赢。这不仅体现在经济领域，在政治领域亦然。

对于以“五险一金”为代表的社会保险制度参保积极性的高低，取决于社会公众对“五险一金”的公共选择，尤其是每个公民对“五险一金”这一公共产品及其服务性价比的评价。当性价比较高时，企业及职工的选择所表现的“五险一金”遵从度较高，具体体现在缴纳的合规性方面，也有利于社会保险的足额、足员征收，并保证社会保险制度的公平性；当性价比较低时，企

---

① ［英］弗里德里希·奥古斯特·冯·哈耶克：《通往奴役之路》，王明毅译，北京：中国社会科学出版社 2015 年版，第 139 页。

② 同上，第 150 页。

③ 同上。

④ ［美］詹姆斯·M. 布坎南、理查德·A. 马斯格雷夫：《同意的计算》，陈光金译，北京：中国社会科学出版社 2017 年版，第 30 页。

业及职工的选择所表现的"五险一金"遵从度较低，具体体现在"五险一金"的税基流失较大、社会保险收支赤字逐年增加。决定以上性价比高低的关键因素便是企业与职工的交易成本。

2.3.5　公地悲剧[①]

经济政策多数涉及人群之中利益的调整，与公共产品及服务的本质并不矛盾，因此将经济政策作为公共产品研究，以公共产品的固有属性类比，在经济政策中得以借鉴，不无道理。

沿着这一思路，加勒特·哈丁提出"公地悲剧"（1968 年《科学》），相近观念可追溯至亚里士多德提出的"凡是属于大多数人的公地常常是最少受人照顾，人们关心着自己的东西，而忽视公共的东西"（亚里士多德《政治学》第二卷）。

通常以"囚徒困境"这一个人理性导致集体非理性的悖论来表示"公地悲剧"的模型，奥斯特罗姆认为不论"囚徒困境"还是"公地悲剧"，其中心问题均为"搭便车问题"[②]，并且指出，当一个人可以坐享其成时，便失去为集体谋取利益的动机，而会选择成为一个"搭便车者"[③]。

公共产品需要个人即私人产品的让渡成就，对于经济政策的执行，同样需要个人的配合与执行。针对如何取得有效的个人配合等问题，有学者指出"存在强制或某种特别的手段"（奥尔森，1965），来促使理性及自利的个人为共同利益而贡献行动。

综上所述，作为政府责任的社会保险这一公共政策，尽管有其强制性的法律[④]，但是应该仅限于米塞斯及哈耶克所共同认同的以自由保障为经济政策底线，以科斯所认为的私人协商或政府解决方案的利弊为衡量，发挥并调动在经济政策中人们对于私利的追求，且以交易成本理论作为参照，探讨市场交易者之间就契约的达成所付出的成本多寡。与此同时，应该时刻警惕政府的运作成

---

① ［美］埃莉诺·奥斯特罗姆：《公共事务的治理之道——集体行动制度的演进》，余逊达、陈旭东译，上海：上海译文出版社 2012 年版，第 8 页。

② 同上。

③ 同上。

④ ［英］弗里德里希·奥古斯特·冯·哈耶克；《法律、立法与自由》，邓正来译，北京：中国大百科全书出版社 2000 版，第 144 页。

本，需要防止公共政策对企业及居民生产力的破坏，避免“搭便车”问题及其所导致的“公地悲剧”。

2.4 福利经济思想脉络

以现代经济学的奠基人亚当·斯密为代表的古典经济学派认为，在“小政府、大市场”模式下，社会福利的提升需要充分发挥市场这只“看不见的手”的作用。

对此，斯密《国富论》一书开宗明义地加以论述，但必须注意其前提条件：“政治修明”，因此市场的正常分工可以自发进行，进而使社会财富普遍增加[①]。市场主体之间的交易可以基于“自利”这一前提，在市场价格信号的引领下各自展开，从而实现“社会各阶级普遍富裕”[②]。

在谈到这一缘由时，斯密认为，利益的分工并不是人类的刻意设计，而是来自“互通有无、物物交换、互相交易”[③]的倾向，尽管他不否认人类的智慧能够预见分工的财富创造效果。对于劳动工资税，斯密认为其将导致劳动力成本的上涨，同时，雇主所承担的税负可以转嫁到最终的消费者，进而造成消费品价格的增加[④]。

在19世纪，以英国哲学家杰里米·边沁、斯图亚特·穆勒为代表的功利主义学派将个人决策的逻辑运用于涉及道德与公共政策的问题上。[⑤]他们提出，“效用”是“衡量幸福或满足程度的指标”，并认为这是所有公共政策和私人行动的最终目标，即政府的正确目标是使社会中每一个人的效用总会最大化。[⑥]

庇古在《福利经济学》一书中论述富人与穷人对于等量财富的效果，认

---

① ［英］亚当·斯密：《国富论》，郭大力、王亚南译，北京：商务印书馆1983年版，第11页。

② 同上。

③ ［英］亚当·斯密：《富国论》，郭大力、王亚南译，北京：商务印书馆1983年版，第425页。

④ 同上，第426页。

⑤ ［美］格里高利·曼昆；《经济学原理》，梁小民、梁砺译，北京：北京大学出版社2012年版，第429页。

⑥ 同上。

为“从富人处收集的 2 000 万英镑按假设转移给穷人，由政府支出这笔钱对就业的贡献而言可能不比由富人支出这笔钱能得到的效果少”[①]。另外，他认为这一转移对于劳动力市场的影响极为有限，“无论 2 000 万英镑是否每年从任何一个阶级转移给任何另一个阶级，对雇用劳动和付工资给劳动的关系极小”[②]。在从富人到穷人的转移中则分别包含社会责任感的自愿以及强制性转移，而自愿行为“一般低于社会一般意识要求从相对富人那里转移的总数”[③]。

与自愿行为相辅相成的便是强制性转移，“这意味着逐渐发展对巨额收入与财产的所有人以这种或那种形式征税”[④]。庇古主张“对富裕阶级所征的税，足以产生我们要求的，转移给穷人的收入能在同等牺牲的原则上无害于国民所得的方法设计出来”[⑤]，并将这一类型划分为以下三个层次：反对懒散与浪费的转移、中性的转移和支持懒散与浪费的转移。

因此，庇古提出，“因为人人同意，在文明国家中不允许有一个人挨饿，所以计划只能使中性转移的规模大大扩展，以致实际上所有人（不管收入多少）的基本需要能通过它得到解决”[⑥]。在分析其背后原因时，庇古从生产效率的视角来阐述：“如果中等数量的资源由相对富人转移到相对穷人，目光正确地着眼于尽可能普遍提高穷人的效率，投资在穷人身上的这些资源由于增加的生产能力，从额外产量获得的回报率将大大超过投资在机器和工厂的资本的正常利率。”[⑦] 庇古还注意到这一转移的前提是“人人同意”，类似于维克塞尔及其后继者布坎南创立的公共选择学派所倡导的“一致同意”原则，这是福利制度如“五险一金”为代表的社会保险制度得以人人遵从的必要前提之一。

对此，科斯在《经济学中灯塔》以及《社会成本问题》等文章中，对庇古税的观点及依据提出质疑。科斯在面对外部性问题时，首先直面的是市场主体之间而非单方面的影响，进而探讨在价格机制的影响下拥有产权确立的前提。他认为，市场主体之间通过彼此的讨价还价可以实现帕累托的福利改进，

---

① ［英］A. C. 庇古：《福利经济学》，朱泱译，北京：商务印书馆 2006 年版，第 730 页。

② 同上，第 731 页。

③ 同上，第 738 页。

④ 同上，第 738 页。

⑤ 同上，第 744 页。

⑥ 同上，第 756 页。

⑦ ［英］亚当·斯密：《国富论》，郭大力、王亚南译，北京：商务印书馆 1983 年版，第 775 页。

并得到资源配置的优化结果。总之，本书从交易成本出发，探讨一个在正交易成本影响下的真实世界：市场主体之间的自发交易的效果，往往优于借助补贴、征税等管制措施所实现的效果。

后续新古典经济学派的发展，似乎并未从上述角度深入下去，而往往强调税收技术的细节，且忽视税收的政治问题。曼昆在《经济学原理》[①] 一书中引用了一则寓言来阐述功利主义学派如何根据边际效用递减的假设，制定收入再分配的公共政策：在一片沙漠的不同地方，彼得（Peter）与保罗（Paul）同时感到口渴难耐，彼得所在的是一片绿洲，水源丰沛，而保罗所在的地方水源稀缺。如果政府可以无成本地把绿洲中的水转移到另一个地方，则可以使水带来的总效用最大化。但是，假设政府只有一个漏水的桶，在此情况下，功利主义的政府需要考虑保罗的口渴程度和水桶漏洞的大小，才能将水从彼得处运送至保罗那里。

随后，与功利主义所强调的效用总和最大化不同，自由主义学派，如以约翰·罗尔斯为代表的学者强调最小效用最大化。人们之所以选择一种规则秩序，是在“无知之幕”这个前提下，做出各自的自利行为影响着社会的运转，因而“公正的原则是公平协商或谈判的结果”[②]。因此，公共政策的目标，应该设定为提高最底层民众的收入水平。对此，曼昆认为，这需要发挥社会保险的收入再分配功能，从而实现“社会成员的平均效用最大化”[③]。

在20世纪，随着社会保险制度的完善、福利国家的概念逐步深入，也有一批秉持自由至上主义传统的经济学家视社会保险为“现收现付”（pay - as - you - go），对此，萨缪尔森、克鲁格曼等人认为，社会保险制度是“庞氏骗局”（Ponzi Scheme）。

另外，当代诸多经济学家提出负所得税（negative income tax）这一概念，即高收入的个人及家庭根据其工资等收入申报纳税，而低收入的个人及家庭将得到相应的补贴，即“负税”。但是，批评者认为，这一提议的结果可能是奖励懒惰而惩罚勤劳，偏离了市场经济“奖勤罚懒”的应有原则。政府的税收收入很可能流向由于懒惰而陷入贫困的人的口袋，还有可能鼓励这些低收入的

---

① ［美］格里高利·曼昆：《经济学原理》，梁小民、梁砺译，北京：北京大学出版社2012年版，第430页。

② 同上。

③ 同上。

个人及家庭不工作，改变人们自食其力、各负其责的态度，从而造成福利依赖和“贫困文化”的出现。

哲学家诺齐克在《无政府、国家和乌托邦》一书中提出，将所有资源集中到个人或群体手中，并由一个人或群体决定如何分配这些资源，这将是非常危险的事情。进而在经济领域，学者们提出政治领域的权力制约问题。针对这一问题的解决，诺齐克建议回到经济领域进行分析，他认为，“每个人得到的东西都是其他人通过交换或作为礼物送给他的”，即互利共赢，如此才能使社会实现可持续的运行，以保证人们自愿的市场交易行为。

克鲁格曼（Krugman，1996）认为社会保险极具诱惑性，因为“从接受者的角度来看，社会保险如同一份普通的养老计划，你之所得取决于你之所付出。因此，它看起来并不像强制再分配计划”。他指出了社会保险不为人们所熟悉的方面，即其强烈的税收性质：“事实上，它有强烈的再分配性质，不仅因为庞氏骗局的方面，每一代所得少于其所付出。”对于这一制度的前景，他并不看好：“因为人口更迭，庞氏骗局很快结束。以至于典型的接受者最后之获得与其所付出等价（今天的年轻人未来所得将少于其付出），甚至更少。”

对此，曼昆评论道，机会或者规则的有无与平等，比收入分配的结果更为关键[①]，前者的公平性大于后者。因此，政府需要做的是，构建公平的规则环境，为人们提供平等的竞争机会，尤其强调个人权利，保障人人在参与市场交易规则的过程中，受到公正的对待，而对于这一规则所产生的后果，政府也无权干预。这里的游戏规则，如同有些经济学家认为财政不应仅仅属于经济问题，还应涵盖政治、法律等领域，即“政治的经济学”[②]。

特别是布坎南提到社会保障税（社会保险税的别称），“增加社会保障税总的来说是为了给他自己的退休金积累资金，从而默许对他自己以及名义上对其雇主课征的社会保障税的不断增加”。以上所谈的是社会保险税的名义承担者如何支持增税，但是，当知晓社会保险制度运行以“现收现付”为支撑时，承担者的遵从度将受到影响：“与他如果知道增加这种税仅仅是为了满足对受

---

① ［美］格里高利 · 曼昆：《经济学原理》，梁小民、梁砺译，北京：北京大学出版社 2012 年版，第 432 页。

② ［美］詹姆斯 · M. 布坎南：《民主财政论》，穆怀朋译，北京：商务印书馆 1993 年版，第 181 页。

益人的现期支付需要相比，他增加这种税的意志就会较弱。”①

对此，布坎南点出了税收背后的选择权问题，“实际民主制度下的个人态度与实际非民主制度下的个人态度之间的显著区别，在于个人是否拥有潜在的选择权”②。因此，政治家如总统及议员，在行使纳税人的代表的职能时，往往选择能够让足够多的公民满意的财政结果，否则将被另一个更能反映公民选择的人所代替。因此，政府可以如同普通市场上的产品的卖者那样，竞相提供公共产品及服务，交由纳税人自主选择。以此作为基础，即政治决策是间接地由个体公民做出的，布坎南认为完全有理由考察各种财政制度对政治决策的影响，并利用尽可能简单的分析模型这样做③。

2.5 文献简评

对关于中国社会保险现实问题的相关研究，本书分别从以下四方面进行总结：第一，对于社会保险制度税、费形式的争论；第二，对于世界各国社会保险制度伦理嬗变及征缴模式等改革经验的借鉴；第三，社会保险制度外部性包括消费及储蓄、经济发展等的影响；第四，社会保险当前预算管理、征缴方式、征收机构选择、社保支出改革等问题。

在制度理论中，社会保险以人类社会永续发展的文明产物为缘起，横贯人的观念及其引致的系列行为，具体涵盖公共秩序中的“默会知识”，制度演化中正式及非正式等规则而促就的路径依赖，由此站在制度优劣的成本角度，阐述制度得以维系的社会保险价值伦理。

在政策经验方面，有米塞斯试错的自由及各负其责的选择，有哈耶克关于不以侵犯个人自由为底线的保障政策，有科斯基于社会成本考量对政府管制政策的警惕，有布坎南关于公共政策中不乏私利的追求与交易互利的判断，有奥斯特罗姆、罗斯巴德对于公共产品中“搭便车”“寄生者”的研究视角。

---

① ［美］詹姆斯·M. 布坎南：《民主财政论》，穆怀朋译，北京：商务印书馆 1993 年版，第 150—151 页。

② 同上，第 185 页。

③ ［英］亚当·期密：《国富论》，郭大力、王亚南译，北京：商务印书馆 1983 年版，第 186 页。

回到现实问题，中国当前正处于市场经济转型期，财税收入 90% 以上为企业缴纳，或由企业代扣代缴[①]，并且是以流转税为主、各类非税收入为辅，“五险一金”所影响的微观税负的研究对象自然是企业而非公民自然人，中国企业税负测算方法也比国际通用的计算模式更为复杂且差异较大，学界观点极其殊异。论其原因，主要有以下两点：其一，中国财税收入结构复杂，实行“所得税与流转税”双主体的税制结构，辅之以政府性基金、社会保险基金等多种收入来源，导致企业税负计算公式中分子的加和部分难以统一。其二，部分学者囿于税种的计税依据，坚持认为增值税、营业税负担的测算依据应是源自营业收入（销售收入），而另一部分学者从投资者的实际愿望出发，认为企业家最为关注的经济指标是利润，尤其是税后净利，即扣除各项流转税及其附加、所得税、工薪税等税费负担后企业投资者的所得部分，这导致彼此对企业税负衡量公式中分母的确定，观点差异较大。

围绕微观税负测算方法的争论或将继续下去，但这不失为一件好事，因为它能够引起社会各界对纳税人（当前以企业为主）税负真实境况的普遍关注，这本身便是现代国家治理过程中不可回避的重要问题，亦是现代财政制度建构的重要环节。一方面，纳税人的“税痛”反映在其所缴纳税款这一成本上，是否换得了应有的等价公共产品及服务，即这一交易是否符合自愿、公平、确定、互利的原则，是纳税人权利保障的逻辑起点；另一方面，政府回应纳税人的呼声乃至质疑，提高公共资金的使用效率，构建公平、公正的秩序环境，为纳税人提供较高“性价比”的公共产品及服务，也是其义不容辞的责任。

在交易成本理论的启发下，“五险一金”在劳动力市场中的楔入，不仅对企业形成税费负担，而且对于职工工资水平及就业岗位数量造成影响，这是为当前国内学界较为忽视的。“五险一金”的征收，挤占职工的可支配收入，进而影响到职工所代表的消费，波及市场需求。与此同时，“五险一金”所导致的对既有企业投资的运行负担，影响劳动力就业岗位的创造，且波及企业的劳动分红即工资的上涨。这不仅与当前以工资为税基的个人所得税征收制度有关，而且与残保金、工会经费以及增值税等税费负担相关。因此，对于劳动工薪税负的研究，不宜离开对于企业税负的关注，尤其是在征收过程中，企业往往作为个税、“五险一金”等税费的代扣代缴义务人，其缴纳遵从度的高低直

① 此处主要指工薪个税及“五险一金”，企业作为扣缴义务人。

接影响到相关税收收入的多寡，甚至影响制度的公平性。

本书写作的立足点在于较为清晰地辨析“五险一金”的税收性质，并明确“五险一金”是企业与职工之间的交易成本。“五险一金”是企业税负的重要构成，过高的“五险一金”征收税率不仅影响企业当期利润，而且对于企业生产再投资产生不利影响；与此同时，“五险一金”也是职工工资税负的重要构成，过高的“五险一金”缴纳税率不仅减少职工的当期收入，而且对于私人消费乃至市场活力产生不利影响。本书探讨“五险一金”的介入对于私人投资及私人消费的影响程度，从而为下一步可能的费改税改革，以及在提高企业及职工遵从度的基础上如何兼顾降低缴纳比例与保证社会保险的刚性支出提供有益的学理支持。

综上所述，对于“五险一金”的制度困境及其分析，本书借鉴交易成本理论，综合社会保险所特有的相关问题、公共政策及制度属性，以及福利经济学思维，将后续章节的论述逻辑设计如下：第 3 章，展开对“五险一金”税费性质的辨析，以厘清当前学界对此观点上的模糊及分歧，并给予相关的国际经验。第 4 章、第 5 章，明确并测算“五险一金”影响下的企业税负及工资税负，从而深入了解税负的意涵、范围及变化规律。第 6 章，关注“五险一金”对于私人投资及私人消费的侵害效应，参照 GDP 三部门关系推导出作为税收的“五险一金”对投资及消费在宏观和微观上的影响效果，并通过建模实证这一效果的具体状况，同时结合对企业、地区、行业的调研，印证对于“五险一金”的上述推论。第 7 章，对于相关改革方案给予评析，如国有资本充实社保、社会保险费进入增值税抵扣链条以及社会保险费改税等。最后，是全书的结论并提出相关政策建议，以及根据当前的不足确定未来的研究方向。

第 3 章 “五险一金”税费性质辨析

2018 年 3 月，中央政府实施的机构改革方案中，有关国税、地税征管体制的一章明确规定，社会保险费由税务部门专一征收，以便提高社会保险的征管效率。由此，将结束各地“五险一金”征收部门不一的乱象，有效增强“五险一金”的征收力度，但也可能进一步加重企业及职工税费负担。

在此之前，面对“五险一金”的税费之争，及时厘清“五险一金”的税费性质，将有助于为此次改革的顺利推进，提供理论支撑及现实依据。

3.1 法律层面的解读

“五险一金”，即是依照《劳动合同法》《社会保险法》及其实施细则，以及《住房公积金管理条例》等相关规定，以职工工资总额为基准，由企业雇主及雇员，分别按照比例缴纳的养老、医疗、失业、工伤、生育的“五险”以及住房公积金的“一金”。例如，在养老保险方面，《社会保险法》第二章第十条规定，职工有义务参加养老保险，其缴费支出由企业及职工共同承担，同时规定了各自须依据的缴纳方式，即“用人单位按照本单位职工工资总额”“本人工资”的比例，分别计入“基本养老保险统筹基金”以及“个人账户”。又如，在医疗保险、失业保险方面，《社会保险法》第三章第二十三条以及第五章第四十四条规定，职工有义务参加医疗保险及失业保险，相关缴费支出由企业及职工共同承担。尽管在医疗、失业保险缴纳比例方面，并未给出明确规定，但是实际征收情况类似养老保险，由雇主及雇员按照职工工资的一定比例来缴纳。再如，在工伤、生育保险方面，《社会保险法》第四章第三十三条、

第六章第五十三条规定：职工有义务参加工伤保险及生育保险，但是其缴费支出仅由企业单独负担，而职工无须缴纳；其缴纳方式是，用人单位“依照社会保险经办机构确定的费率缴纳工伤保险费”。

此外，在住房公积金方面，依照《住房公积金管理条例》第十五条规定，企业有义务在招录职工后30日内为其办理住房公积金缴存，并规定具体缴纳方式为，缴费基数是平均工资，缴费费率是不低于5%。

综上所述，“五险一金”具有法律赋予的强制力，且承担义务人为企业雇主及其雇员，须依照法律规定，履行相关义务，方能享受对应的权利。

据此，我们便有如下假设，即无论哪一级政府部门征收社会保险，只要是具有社会保险方面所要求的法律强制力特征，均认为社会保险属于税收范畴（Williams,1996）。但是，对应税收的各方面原则，如税率的统一性、征收机构的便利性与确定性，以“五险一金”为代表的社会保险在当前还存在较大差距。这种现象起因于央、地财政关系的既往划分，“五险一金”一般作为地方政府的收入来源之一，且各级地方政府对于“五险一金”从征收机构到缴纳比例的调整，在一定程度上存在较大的不一致。比如，长期以来，“五险一金”的征收部门可能是人力资源与社会保障部门，或者是地税部门代征，还有可能是地税部门专征，两部门之间的权责划分并不明确，且常有混淆。又如“五险一金”缴纳比例的调整，由于各地方对于社会保险基金统筹层次不一致，以及各地社会平均工资不尽相同，不仅导致各个省份之间存在差异，而且在同一个省内，市、县之间的缴纳比例均存在一定程度的差别。还有，在社会保险基金管理方面，仅包括“五险”，始终未将“一金”纳入其中，尽管《住房公积金管理条例》第三条规定，职工与企业分别缴纳的住房公积金，其所有权属于职工个人，且2016年财政部颁布《政府非税收入管理办法》第三条规定：“本办法所称非税收入不包括社会保险费、住房公积金（指计入缴存个人账户部分）。”但是，企业及职工为此强制缴纳，对企业及职工的当期可支配收入造成占压，且住房公积金在实际操作过程中，不仅出现地方政府非法挪用、公积金运作不透明（仅在2014年开始公布全国住房公积金年报）等现象，而且据李实（2016）研究表明，住房公积金的强制缴存造成较大的资金沉淀，且加重企业的制度性工资成本，并造成逆向分配效应，违背制度设立的初衷。

3.2 对“税收三性”的再认识

较长时间以来，“税收三性”，即强制性、固定性、无偿性，是计划经济时期的税收基本原则。这一原则建构的基础是以公有制经济为主体、实施国家分配论为基石的传统财政模式。

改革开放以来，尤其现代社会以私有产权为基石，财政模式逐渐由传统向现代过渡，而对于“税收三性”旧的认识，也受到较多学派及其学者的挑战。

首先，在强制性方面。尽管从表面上看，财政税收环节均由相对应的法律制定并实施，并以国家机器（政府）的有效运转为目标，并对于纳税人的不遵从设定有相应的强制惩罚措施，但是，在税收交易范式的影响下，学界较多以对于征税权的制衡与限制为前提，将税收过程视为公民私有产权的部分让渡，来换取政府所提供的公共产品及服务，这也是税收同意原则的历史渊源。

因此，可以这样说，税收的同意性是税收强制性的前提条件之一。税收的强制性则仅为了保障税收在纳税主体之间的公平设置，如保持较高的遵从度，并落实“量力负担”原则，即不同收入群体之间按照对应比例合理承担税负。这也就意味着，与其说税收的强制性，不如提倡税收的同意性，即公共选择学派所倡导的“一致同意”原则，如此方能换得公民私有财产权的让渡，也是公民在构建文明社会中所付出的必要代价，借用布坎南公共选择理论的表达便是，“福利—政治经济学家的分析方法表明，除非所有各方都达成一致，否则一项特殊的选择就绝不是帕累托最优”[①]。

上述所言的特殊选择，在现实社会中较为常见的便是税收的开征与否、税率的调整浮动大小等，涉及社会福利的改进与否。这当然不排除税收的强制性，正如布坎南在《宪政的经济学阐释》一书中探讨了有关“宪政契约的强制性税收”，但其依据在于“依据维克塞尔的观点，只有对支出的目的以及为此筹资的税收份额分配达成了一致（一定条件下是全体一致同意），集体性才

① ［美］詹姆斯 · M. 布坎南、理查德 · A. 马斯格雷夫：《同意的计算》，陈光金译，北京：中国社会科学出版社 2017 年版，第 30 页。

具有合法性”[①]，且须注意到的是，税收强制性的必要前提是“宪政契约”的建立、维护乃至坚守。

其次，在固定性方面。这一原则对应着斯密所提出的确定性原则，并且斯密认为确定性原则至关重要，“赋税虽再不平等，其害民尚小，赋税稍不确定，其害民实大”[②]，即需要明确“完纳的日期”[③]“完纳的方法”“完纳的额数”等纳税注意事项，并使公众尤其纳税人知晓：“一切纳税者及其他的人了解得十分清楚明白。”[④]

究其原因，斯密也谈到了“赋税如不确定”[⑤]，税吏极有可能借此寻租而滋生腐败，由此不难看出，古典经济学者对于政府始终保持着一定程度的警惕，正如同时代的穆勒所言，“宪政政府的原则要求假定政治力量会被滥用以促进当权者的特殊目的”[⑥]，以及休谟所言，“政治学家已经把它作为座右铭，即约束任何政府系统，固定其支出，且控制国体，其中每个人……没有别的目的，只有个人私利”[⑦]。由此，布坎南等学者创立的宪政经济学派诞生，尤其强调民众对政府征税权的制约。

固定性其实并非一成不变，而应该限定在一定的时间段内，其纳税的对象、日期、地点、方法以及征税额是确定的，但是固定性所强调的“不经批准不能随意改变”[⑧]应理解为确定性所强调的税收调整程序的正义性，以保证税收的公平性。在程序正义方面，学界突出强调了两个方面：一是发声（voice），即表达的自由或者说是言论的自由；二是尊重对待（respectful treatment）[⑨]。以上将是保障“纳税人意识到其所纳税额的变动应该由他们能理解的合理化的过程来解释，而不是他们不能控制的其他因素”[⑩]，否则便是对程

---

① ［美］詹姆斯·M.布坎南：《宪政的经济学阐释》，贾文华、任洪生译，北京：中国社会科学出版社2012年版，第118页。

② ［英］亚当·斯密：《国富论》，郭大力、王亚南译，北京：商务印书馆1983年版，第385页。

③ 同上。

④ 同上。

⑤ 同上。

⑥ ［美］詹姆斯·M.布坎南：《宪政的经济学阐释》，贾文华、任洪生译，北京：中国社会科学出版社2012年版，第55页。

⑦ 同上。

⑧ ［美］史蒂文·M.谢福林：《税收公平与民间正义》，杨海燕译，上海：上海财经大学出版社2016年版，第4页。

⑨ 同上。

⑩ 同上。

序正义的侵犯。

最后，在无偿性方面，基于上述两条原则——税收交易理论所决定的同意性、税收程序正义所决定的确定性，政府在取得税收收入之后，需要完成的或者必须要履行的是与纳税人所让渡的私有财产相对应的、提供对等的公共产品及服务，否则可能将导致税收因欠缺公平性（交易公平），税款在征收过程中出现较大规模的税基流失，乃至普遍的偷、逃、漏税等问题。

尽管从表面上看，税收在一般公共预算中，与市场主体之间的交易略有不同，并不一定全部体现一一对应关系，即税款的支付者与税款的享受者并非均一一明确，因此，税收不同于市场经济中个体之间的互利交换，而具有无偿性。但是，正如社会契约论的创立者卢梭所言，集体有义务保障个人的财富安全，但不能对个人财富进行剥夺[①]。唯有在这种状态下，个人的财富因为加入集体，而变得安全，从而对于个人来说类似“一桩有利的交易”[②]，与此同时，集体的收入也得以保障。

类似的观点，洛克在《政府论》一书中也有阐述：政府正常的运转依赖于税收，因此，为维持政府的正常运转，其辖区内的公民有责任贡献其收入的一部分，但是这个前提之一是公民的同意，即由公民或其代表“大多数的同意”[③]。公民缴纳赋税，是为了维持政府的运行。由此，公民所获得的便是加入社会契约所享受的秩序保护等利益，否则公民便可以放弃这一公共选择，也便意味着使用梭罗所倡导的不服从权利，直到政府所提供的公共产品及服务让公民满意为止。

由此可见，“税收三性”原则并不适用于国家治理体系下的现代财政制度建构，相反，在治理话语体系下，更为强调的是政府与市场关系的平等，即政府与公民、企业等多方对话，寻求国家治理的妥协方案，税收的同意性、公平性、契约性便体现了出来。

综上所述，在“五险一金”的税费性质认定上，并不能以“税收三性”原则来简单评判“五险一金”的本质属性。首先，“五险一金”尤其养老、医疗等保险的多缴多得且一一对应，属于保险所具有的特征，很大程度上体现着类似市场交易的有偿性，但并不能由此认为，因“五险一金”与税收所要求

---

① ［法］卢梭：《社会契约论》，何兆武译，北京：商务印书馆2003年版，第29页。
② 同上，第41页。
③ ［英］约翰·洛克：《政府论》，瞿菊农译，北京：商务印书馆1982年版，第78页。

的无偿性发生冲突，而否定“五险一金”的税收性质，况且，在“五险一金”中的养老保险缴纳过程中，作为更大比例的企业配套缴纳部分，进入社会统筹账户，对于企业来说，并不具备有偿性，相反，加重了企业的运行成本，作为制度性交易成本，楔入劳动力市场的交易中，对劳动力的价格及就业岗位的创造产生影响（这一问题将在后续章节中展开分析）。其次，“五险一金”的强制性。在过去的一段时期内，由于作为地方收入的来源之一，加之征收部门不一，导致各省、市辖区内的企业及职工对“五险一金”的遵从度差异较大，但并不能由此否定“五险一金”的税收性质，而做出“五险一金”属于收费导致征收力度差于税收的判断。最后，“五险一金”的固定性与强制性类似，由于各省、市统筹力度不同，在“五险一金”的缴纳基数以及缴纳比例方面，各省、市辖区内的企业及职工对此感受不一，且所面对的征收部门，或者是社保部门，或者是代征部门的地税部门，似乎看起来，与税收所要求的固定性相差较大。

但是，从公平性来说，“五险一金”是公民（企业及职工）为获得社会保险权（宪法规定）而让渡工资收入的一部分（由税基与税率共同确定），这是税收的契约性质，也是其所应具备的公平性，否则将影响公民对“五险一金”的缴纳积极性。也就是说，如果“五险一金”自身的性价比不高，即政府提供的这一公共产品及服务水平较差，具体表现为跨省便利性不足、与成本相比的保障水平低等问题，将导致“五险一金”本身失去公平性，甚至加剧“五险一金”自身在财务上的可持续性。就同意性这一原则来说，“五险一金”收支明细应体现在相对应的预算收支上，由公民及其代表参与“五险一金”缴纳比例的调整，从而在保障其预算可持续的条件下，兼顾公民社会自身的可承受性。也就是说，社会保险基金预算以及住房公积金预算，均应受到公民社会以及代议机构的审议监督，没有代议机构的投票表决，各地方“五险一金”的缴纳比例及基数不能随意调整，否则将违背税制的基本原则——确定性及税收法定精神，从而导致“寻租”“搭便车”等问题的产生。

本质上，“费”是指让渡财产所有权以获取即期服务和产品，以产品情况作为确定缴费费量的基础，相对具有较为明显的市场自愿交易性质；“税”则是指公民让渡财产所有权从而获得纳税人资格，享有纳税人权利，且具有强制性。“税”包含在广义的“费”中，纳税人享有获取非对象性公共产品的权利。

在法律层面，“缴费”和“缴税”尽管在现实社会中似乎均有一定的强制性，但是，关于“缴费”的法律规范较为分散，关于“缴税”的规范则较为集中，例如，排污费制度与环境保护税制度①规范集中程度的区别不仅表现在规范的数量上，对“费”和“税”的统筹性也产生一定影响：统筹与集中是相辅相成的，集中产生的统一标准是统筹的前提。

从对公共财政转移支付功能的贡献讲，缴费因其更具有返还性而无法实现转移支付；但是，税款收缴后归集国库或者相对独立的基金，从而实现税款征收的再支付，得以实现转移支付，这与“五险一金”中特别是养老金的现收现付制尤为类似，即当前的青年人所缴纳的养老保险通过政府的转移支付，供养当前的退休者，实现代际的转移，而非一般意义上的“强制储蓄”；再如医疗保险，当前健康的人群所缴纳的医疗保险通过政府的转移支付，供养当前的患病群体，实现社会医疗健康的保障。

另外，以“五险一金”为代表的社会保险制度不同于一般意义上的商业保险，须满足社会普通公众最基本的生活需求，中国当前所实施构建的以“现收现付”为特点的社会保障资金运转制度，使社会保障成本实现“代际转移”，公民缴纳社会保险费即“五险一金”后，无法立即获取服务或产品②，只有社会保险的相关支付条件具备时，如处于年老、疾病、工伤、失业、生育等情况下，才能享受社会保险的相关待遇，以有权获得社会保险为依据，进而，因社会保险所让渡的财产所有权应属于“税”的范畴。

此外，“税”所能产生的转移支付功能，在贫富差距加大的现状下，追求基于制度的公平性，与社会保障所追求的目标——公民共享发展成果、促进社会和谐稳定更为吻合。与这一目标相适应，政府统筹必不可少，区域统筹、贫富统筹、代际统筹都对统筹的层次提出了要求：中央统筹以“税“为核心，进行更高层级的社会保险资金的征集，使立法更契合社会保险制度的未来改革取向。

---

① 排污费制度由《环境保护法（试行）》《征收排污费暂行办法》《排污费征收适用管理条例》《排污费征收标准管理办法》《排污费资金收缴适用管理办法》《环境保护法》《海洋环境保护法》《环境噪声污染防治法》《固体废物污染环境防治法》《大气污染防治法》等规定构成；环境保护税制度由《环境保护税法》等规定构成。

② 社会保险与商业保险中的养老保险的区别：商业保险中的养老保险在交费与享受养老服务之间虽然也有较长的时间跨度，但是，在交费时即获得了养老保险产品，凭借这一产品在日后享受养老服务，并且可以自由选择市场上存在的产品；社会保险则不存在选择权且不存在“产品”。

因此，社会保险资金征缴更符合“税”的性质，并且“五险一金”对市场的实际影响也为这一判断提供了佐证。在中国，对于“五险一金”的税费性质的争论，似乎各有道理。抛开名称，查究实质，对“五险一金”来说，其征收目的——实现并保障公民个人的社会保险权，其征收标准以职工应付工资作为缴纳基准，则必然影响企业的用工成本与职工工资的可支配收入。

3.3 工薪税的经典理论及验证

在“五险一金”的税费性质辨析方面，借鉴经典理论的阐述，查看“五险一金”在税收方面的理论成果，尤其是借鉴交易成本、“税负转嫁”以及“财政幻觉”等，展开对这一税收效应的验证，有利于更为全面地认识“五险一金”的税收性质。

3.3.1 税负转嫁

亚当·斯密在《国富论》第五篇“论君主或国家的收入”第二节“论赋税”中指出：“每种赋税，归根结底，必定是由这三种收入源泉（地租、利润与工资）的这一种或那一种或无区别地由这三种收入源泉共同支出的。”[①]

据此，不难判断，以工资作为征收对象的“五险一金”，是“打算加于工资的税”，但是，由于雇主也同样需要配套缴纳一定的比例，从而影响到雇主的当期利润（不排除雇主的税负转嫁），因此，也可以将“五险一金”视为“打算加于利润的税”[②]。

对于劳动工资的课税，斯密专门撰写“劳动工资税”一节，谈到当其他条件没有变化时，劳动工资税的介入将导致工资的非市场性提升[③]，即制度性交易成本因素带来的工资水平上涨。对于工资上涨的速度，斯密认为“不论工资税率如何，在一切场合，工资不但会按照税率的比例提高，而且还会按照

① ［英］亚当·斯密：《国富论》，郭大力、王亚南译，北京：商务印书馆1983年版，第384页。
② 同上，第385页。
③ 同上，第425页。

这税率的比例高些的比例提高”[①]。这意味着，劳动工资税所导致的工资的增加幅度将高于劳动工资税本身。

在谈及对于这一工资税的最终负税人，斯密认为，完全由雇主承担“在这一场合，不单工资税，还有超过此税额的若干税款，其实都是直接由雇他的人垫支的”[②]，由此导致税负的转嫁而引起的传递效果，将通过雇主或者地主或者制造业主的转移，致使“地租发生更大的缩减”，同时，“制造品价格发生更大的上涨”。在谈及这一税的后果时，斯密指出：“农业的衰退，贫民就业的减少，一国土地劳动年产物的低减，大概都是这种税的结果”[③]。

3.3.2 保险的“财政幻觉”

作为公共选择学派的集大成者，布坎南在《民主财政论》一书中，以现代制度下的财政幻觉来重新解释工薪税（原文中使用社会保障税），利用普维亚尼模型来考察工薪税制度，认为这一工薪税利用保险的特殊形式，来创造乐观的幻觉，“使纳税人感到与在其他制度安排下相比，他支出的‘较少’而得到的‘较多’”[④]。

在具体谈到工薪税时，布坎南分析道，所谓的保险制度，会导致纳税人作为“参加者看不到成本和利益的真正数量”[⑤]。考虑到工薪税进入独立的信托基金，但是信托基金的持续取决于“财政部在限期内向对该制度提出的要求权提供现金的意愿”[⑥]，他指出一个基本的事实是，作为社会保险制度的承担者，截至 1966 年前，仅仅所得是利益较小的一部分，“其余所得须从未来课征征税款中获得”[⑦]。

然而，对于这一公共选择所促成的社会保险制度，即使人们明白现存制度上的财务并不具有可持续性，但是人们并不立即拒绝这一制度的参与，“因为

---

① ［英］亚当·斯密：《国富论》，郭大力、王亚南译，北京：商务印书馆 1983 年版，第 425 页。
② 同上，第 426 页。
③ 同上。
④ 詹姆斯·M. 布坎南：《民主财政论》，穆怀朋译，北京：商务印书馆 1993 年版，第 148 页。
⑤ 同上。
⑥ 同上。
⑦ 同上。

其他的将来参与者仍会被虚幻的‘保险’要求权所吸引”①。

据此，布坎南认为，以工薪税作为成本的社会保险制度，只不过依赖“保险”这一幻觉，维持着其未来的可持续性，如果失去这一“财政幻觉”，将导致“极大的政治反抗”②。

那么，对于斯密、布坎南的上述推断，现代经济学做出了相应的理论验证。科斯的交易成本理论显示，市场主体之间的交易存在社会成本，且市场价格信号的运行并非没有成本，尤其在真实世界中，特别强调了涉税的交易成本。以下将分析“五险一金”作为企业与职工的交易成本，其征缴对劳动力市场的影响作用，借以观察“五险一金”的实质。

3.3.3 交易成本理论应用

正是“五险一金”的市场“楔入”，一方面，提高了劳动力需求方——企业的用工成本，另一方面，减少了就业量，降低了劳动者工资的可支配收入（见图 3.1）。

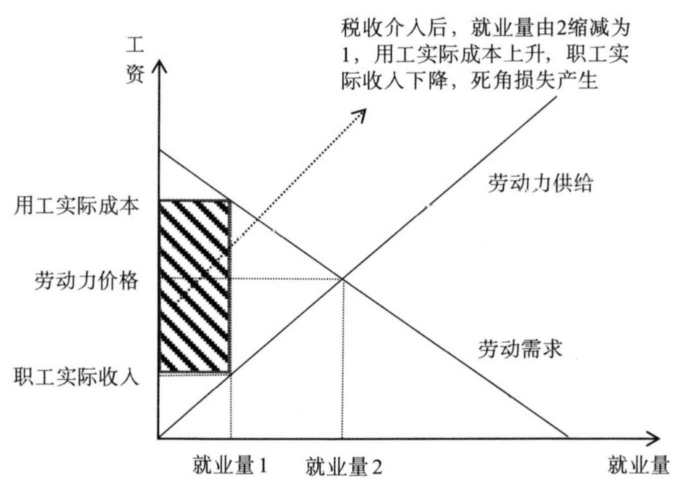

图 3.1 “五险一金”（工薪税）③ 对就业量、企业及职工工资收入的影响

① 詹姆斯·M. 布坎南：《民主财政论》，穆怀朋译，北京：商务印书馆 1993 年版，第 148 页。

② 同上，第 151 页。

③ ［美］格里高利·曼昆：《经济学原理》，梁小民、梁硕译，北京：北京大学出版社 2012 年版，第 12 页。

由此可知，“五险一金”的实施，扭曲了劳动力市场，发生了经济学在分析税收时的类似影响——“无谓损失”，即政府的“五险一金”收入远低于劳动者与企业的福利损失之和。在这里，劳动者的福利损失指因“五险一金”的介入，导致职工可支配收入减少，企业的福利损失指因“五险一金”的介入，导致企业的用工成本增加、市场总体就业量萎缩。

与此同时，斯密谈到的税负转嫁问题，在“工薪税”对就业量及企业、职工工资收入的影响中，随着劳动力市场的供给与需求的变动而发生变化。一般来说，由于资本相对劳动更具有流动性，资本对劳动力价格的敏感度显然高于劳动者自身对其价格的影响，也就是说，劳动需求弹性远大于劳动供给弹性，这将意味着，是雇员而不是雇主承担了大部分工薪税的负担（见图 3.2）①。

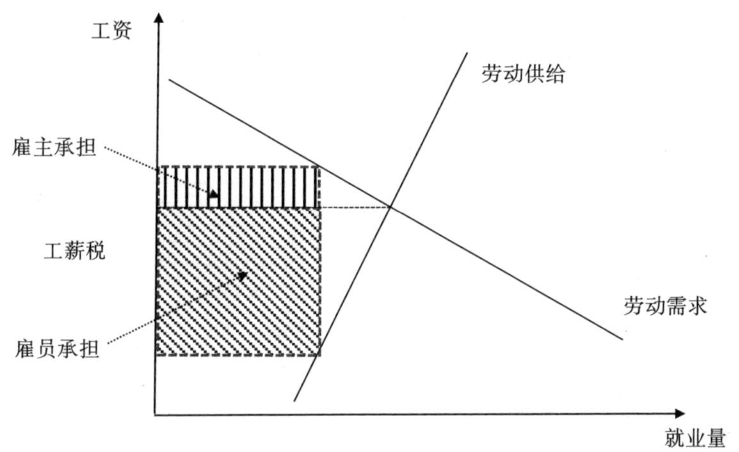

图 3.2　“五险一金”（工薪税）的转嫁

当然，以上仅是理论分析，即在供求弹性不一致的条件下，工薪税更多地被雇员所承担。另外，由于雇主可以通过商品向市场上的消费者转嫁，工薪税也更多地为作为消费者的雇员所承担。在现实层面，这一推论往往受资金成本、市场起伏等方面的影响，不一定成立。另外，雇主与雇员在工薪税方面的分担，并非如名义税率所示，且与名义税率无关，比如，养老金企业承担 20%（部分地区为 14%），职工承担 8%，即企业与职工比例为 5:2（或 7:2），实际上，企业与职工各自承担的并不是上述比例，而与各地的劳动供求曲线弹

① ［美］格里高利·曼昆：《经济学原理》，梁小民、梁硕译，北京：北京大学出版社 2012 年版，第 136 页。

性相关。但是，无论税负最终在雇员还是雇主身上转嫁，政府的工薪税征收对劳动力市场造成“无谓损失”这一点是明确的。借用斯密的话来说，“人民所付出的，多于国家所收入的”①，因为过多地征收“五险一金”将影响企业及劳动者工作的勤奋程度，即“五险一金”对私人投资的影响导致市场的萎缩、经济的低迷、投资及消费的下降②，这同样适用于“五险一金”对私人可支配收入的影响。

社会保险费将由税务部门统一征收，由此，征收力度将进一步加强，在社会保险名义税率尚未实现较大幅度下降时，这对于企业未来税费负担的增加不可忽视，正如斯密所谈的，“对于不幸的逃税未遂者所使用的充公及其他惩罚办法，往往会倾其家产，因而，社会便失去由这部分资本所能获得的利益。不适当的赋税，实为逃税的大诱因”③。

因此，理论上，“五险一金”具有较为鲜明的税的性质。在此，总结“五险一金”的基本税制要素可以见表 3.1。

表 3.1 “五险一金”工薪税的税制要素（纳税人、名义税率以及纳税基数）

税种	纳税人	名义税率	纳税基数
养老保险	雇主 + 雇员	14% +8%	职工工资总额
医疗保险	雇主 + 雇员	12% +2%	
失业保险	雇主 + 雇员	1.5% +0.5%	
生育保险	雇主	0.5%	
工伤保险	雇主	1.2%	
住房公积金	雇主 + 雇员	5%—12% +5%—12%	

资料来源：以浙江省 2015 年为例。

3.4 国际经验参照及比较

在国际上确有相对应的税种，称之为工薪税（payroll tax）或称为社会保

① ［英］亚当·斯密：《国富论》，郭大力、王亚南译，北京：商务印书馆 1983 年版，第 426 页。
② 同上。
③ 同上，第 386 页。

险税（social security tax）。

我们以美国与德国这两个相对典型的国家为例，剖析其社会保险制度运行与社会保险税之间的关系，尤其在税率以及税收收入方面与中国的异同，从而提取出可资中国借鉴的改革经验。

3.4.1 美国的工薪税

1935 年，围绕免于匮乏的权利，美国国会通过《社会保障法》（the Social Security Act），并经总统罗斯福签署生效。与此同时，实施《联邦保险税责任法案》（Federal Insurance Contributions Act），该法案规定，雇员与雇主需要缴纳社会保险税。上述两部法律的颁布标志着美国联邦社会保障体系的建立[①]。这一体系的运作，是以工资为税基而征收的社会保险税，美国为此成立社会保障委员会（Social Secruity Board），统筹全美社会保险事宜。

在后续阶段的社会保险制度中，陆续加入残疾人保险、医疗保险等，逐步趋于完善。特别是 1970 年，《联邦保险税责任法案》经过修改，将医疗保险税加入工薪税中。

现行工薪税税率见表 3.2。

表 3.2　　2017 年美国雇主与雇员工薪税税率

税种/类型	雇员	雇主	小计
社会保障税（税率）	6.2%	6.2%	12.4%
联邦医疗保险税（税率）	1.45%	1.45%	2.9%
小计	7.65%	7.65%	15.3%

资料来源：根据美国国税局提供的相关资料整理。

由此可知，美国雇主所承担的工薪税仅为 7.65%，远低于中国雇主所缴纳的约 40% 的“五险一金”缴纳比例；雇员所承担的工薪税仅为 7.65%，亦远低于中国雇员所承担的约 20% 的“五险一金”缴纳比例；合计比例仅为 15.3%，也远低于中国。

---

① 徐晓新、高世楫、张秀兰：《从美国社会保障体系演进历程看现代国家建设》，《经济社会体制比较》，2013 年第 4 期，第 169—182 页。

另外，无论是美国雇主还是雇员，其所缴纳的工薪税为联邦税，即中央税，均为统一税率，而非中国当前的地方所属收入，且各地方缴纳比例不一，且变更的随意性较大。

由图 3.3 可见，自 1937 年起，美国的工薪税无论是社保税还是联邦医疗税，其税率在近 80 年中，呈现较为明显的上升态势。其中，社会保险税方面，截至 1949 年，均呈现平稳趋势，1949 年至 1990 年，呈现明显的爬升趋势，从 2% 升至 12%，每年平均上涨约 0.25%；在联邦医疗保险税方面，自 1966 年引入，截至 1986 年，也呈现明显的爬升趋势，从 0.7% 升至 2.9%，每年平均上涨约 0.06%。

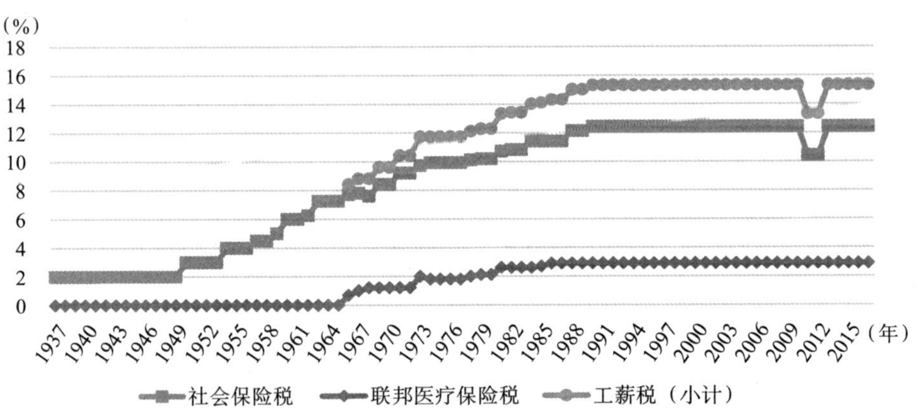

图 3.3　1937—2017 年美国工薪税（社保税 + 联邦医疗税）税率明细

资料来源：根据 Taxpolicycenter 数据整理。

由图 3.4 可见，在 1935 年美国引入社会保障税后，社会保障税收入增加缴款，占联邦财政收入最高在 2008 年左右达到 42%，当前略有下降，为 31%，稳居第二大税收，仅次于个人所得税占比。与此相比，企业所得税占比近 80 多年来始终呈现下滑趋势，这与美国以个人直接税为主体的税制结构不无关系，如此有利于企业的扩大再生产，有利于市场交易主体的活跃，从而刺激就业及消费，保障联邦财政收入来源的可持续。

如 2018 年联邦预算将社会保险收入称之为“social insurance and retirement receipts”（社会保险及退休收入）。具体包括如下细项：“social security payroll taxes”（社会保障工薪税）、“medicare payroll taxes”（医疗保险工薪税）、“unemployment insurance”（失业保险）及“other retirement”（其他退休保险）。

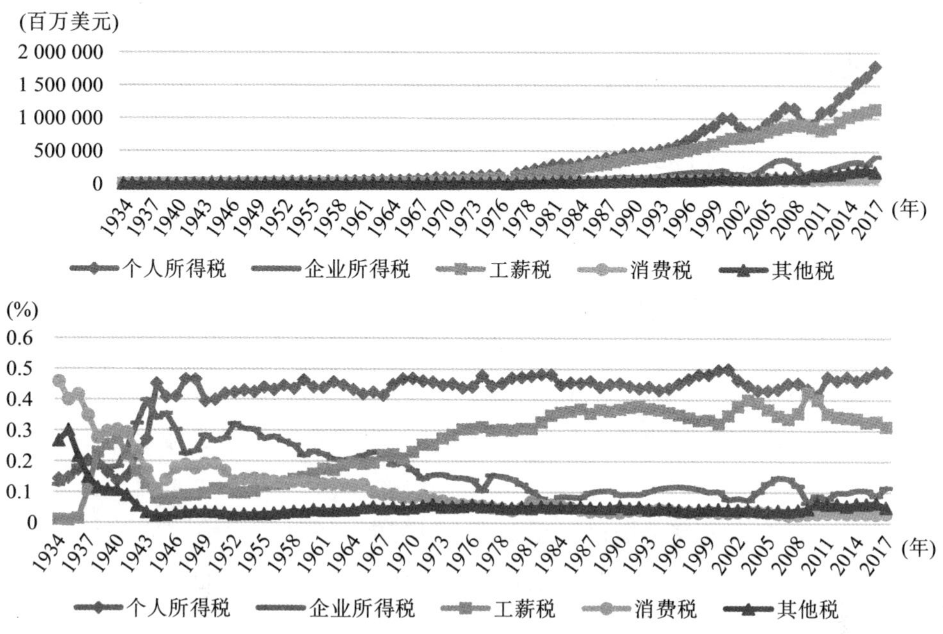

图 3.4 1934—2017 年美国联邦税收明细及占比

资料来源：根据 OMB 数据整理。

在同年的财政支出中，社会保险作为专项支出（mandatory program），具体包括如下细项："social security"（社会保障）、"medicare"（医疗保险）、"medicaid"（医疗补助）、"other mandatory programs"（其他专项支出）。详见表 3.3。

表 3.3 2018 年美国联邦预算社会保险收支 单位：十亿美元

收入项名称	金额	支出项名称	金额
1. 社会保障工薪税	892	1. 社会保障	1 005
2. 医疗保险工薪税	270	2. 医疗保险	582
3. 失业保险	50	3. 医疗补助	404
4. 其他退休保险	12	—	—
小计	1 224	小计	1 991

资料来源：2018 年美国联邦预算。

另外，一个值得注意的倾向是，2018 年美国预算中，特朗普提出废除并替代奥巴马医改计划，并削减 2018 年医疗保险（Medicare）支出约 110 亿美元。并且，因废除奥巴马医改计划而节省 2018 年财政支出约 300 亿美元。这一动向及背后的政策考量，值得学界跟进关注。

3.4.2 德国的社会保险税

作为近代第一个建立社会保障制度的国家，在第二次工业革命后期，德国的社会保障体系初见规模。面对经济危机所引发的工人运动，德国政府在 1881 年承诺，企业职工在养老、工伤、医疗等方面有得到救助的权利。1883—1889 年，德国政府先后颁布疾病保险法、灾害保险法、老年残疾保险法等，并在此期间，征收社会保障税，从而为当代德国社会保障制度奠定法律基础。

历经一百多年的完善，德国逐步建立以养老、失业、医疗、护理等保险为基础的工薪税制度，与此同时，随着福利社会的到来，德国也面临税费负担较重等问题。

表 3.4 是 2017 年德国社会保险税现行的税率，其中，雇主所承担的税率之和为 19.575%，雇员承担的税率之和为 20.475%，雇主与雇员税率之和约为 40%，超过 OECD 国家平均值，税负处于较高的水平。另外，考虑到工资中的个人所得税影响，德国雇主及雇员所承担的工薪税负可能还要进一步加重。

表 3.4　2017 年德国社会保险税税率

保险类别	雇主	雇员	小计
养老保险	9.8%	9.8%	19.6%
失业保险	1.5%	1.5%	3%
医疗保险	7.3%	8.2%	15.5%
护理保险	0.975%	0.975%	1.95%
总计	19.575%	20.475%	40.05%

资料来源：根据 KPMG 整理。

据 OECD 发布的《工薪税负 2017》（Taxing Wages 2017）报告显示，2016 年德国劳动力成本中，个人所得税以及雇主、雇员社会保险税之和，占比约为 49%，尽管与既往年份相比略有下降，但始终高于 OECD 国家平均值 36% 的水平，同时高于美国 30% 的负担水平，居于 OECD 国家第二高的位置（见图 3.5）。

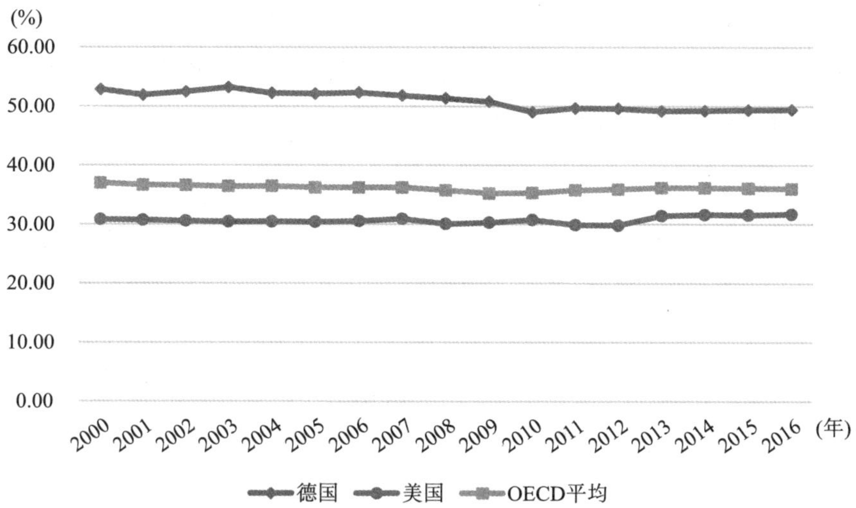

图 3.5 2002—2016 年德国、美国与 OECD 国家平均工资税负

资料来源：根据 OECD 数据库整理。

若单独比较工薪税负中的雇主社保税负担，德国与中国雇主的缴纳比例相比，结果如图 3.6 所示。近年来，尽管中国雇主社保缴纳比例呈现下降趋势，但是，雇主社保税缴纳比例依然远高于 OECD 平均水平，德国在这一方面，尽管低于中国缴纳比例，但远高于美国的 7% 左右的缴纳比例，且美国在这方面的税率水平较为平稳。

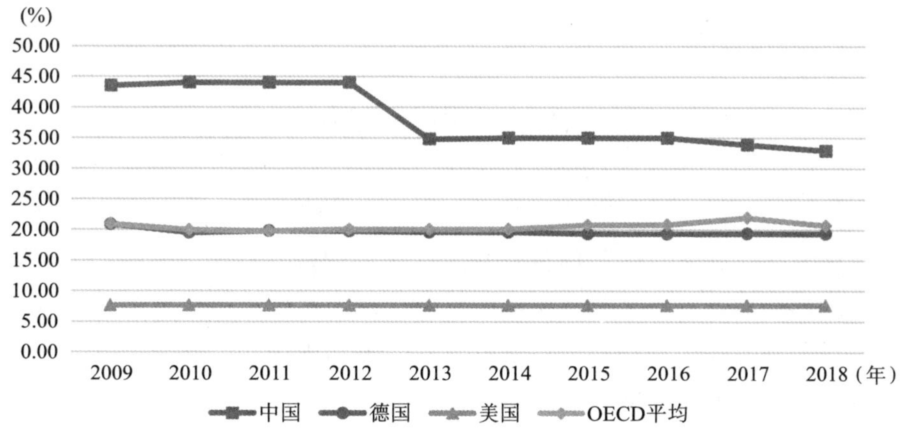

图 3.6 2009—2018 年德国、美国与中国雇主社保税税率

资料来源：根据 KPMG 整理。

进一步查看德国、美国以及 OECD 国家社保税收入占政府收入的比重，如图 3.7 所示，德国社保税收入占政府收入的比重在近 40 年来呈现稳步上升趋势，这一趋势在美国表现得更为明显。

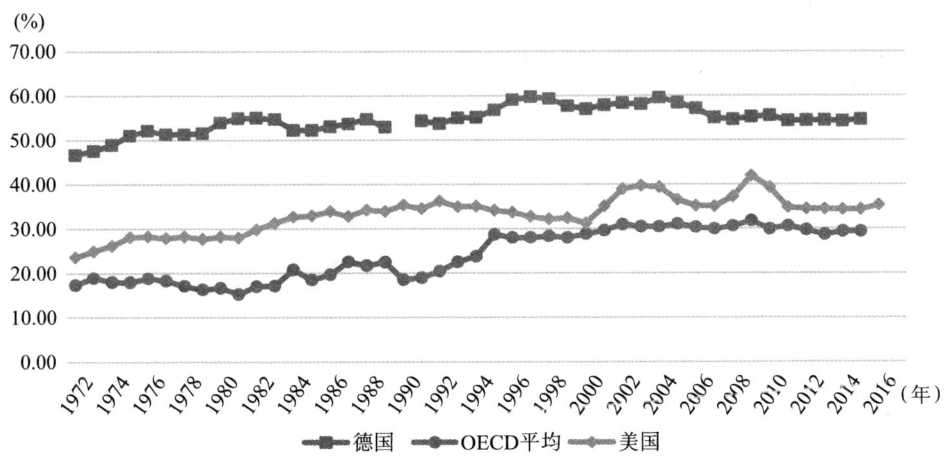

图 3.7 1972—2016 年德国、美国以及 OECD 国家平均社保税占政府收入比重

资料来源：根据世界银行整理。

综上所述，可以大约总结出一个趋势：在发达国家，税率越高，相应的税收收入占总收入的比重越高。如德国社保税税率约高于美国社保税税率 10% 以上，而德国社保税收入占政府收入的比重，约高于美国这一类型收入 20%。

3.5 小 结

本章围绕“五险一金”的税费性质展开了辨析。首先，描述了“五险一金”当前的立法规定，强调了这一成本的法律强制性，但也发现了“五险一金”实际运行过程中如确定性、执行力不够等客观问题。其次，就“五险一金”视为收费的理论依据——税收三性，尤其无偿性这一原则展开辨析，强调现代税收理论所秉持的同意性、公平性原则，因此，可以判断“五险一金”具有符合税的一般规律。再次，就“五险一金”所对应的工薪税，借鉴斯密有关劳动工资税的“税负转嫁”分析，以及布坎南的社会保障税的“财政幻觉”，从交易成本理论着手，验证工薪税作为企业与职工交易的“楔子”，对劳动力市场产生较为显著的影响。最后，参考国际相关经验，以美国与德国为例，介绍各自社会保险税的发展历程、税率以及税收收入，并与中国在税率水平尤其工薪税负以及雇主负担方面进行比较，为后续章节有关企业税负及工资税负的分析做了铺垫。

第4章 “五险一金”影响下的企业税负测算研究

近年来，企业税负已渐成社会各界关注的热点话题。有关企业税费负担的讨论，特别是对于企业税负的理论依据、测算方法、涵盖内容以及国际比较等，均争议较大。作为企业税负重要构成的“五险一金”，也渐渐引起学界广泛的辨析及讨论。“五险一金”的税费性质辨析、“五险一金”的国际比较及其影响下的企业税负等，更是增加了这一问题的复杂性。

本章基于对上述问题的分析而展开——研究“五险一金”问题，回归企业税负视角，梳理企业税负衡量标准的相关文献，运用微观经济学中的“死角损失”原理，观测中国近年来的广义宏观税费负担，发现其依然处于偏高的水平上。尤其对于贡献绝大部分税费的企业来说，整体税负过重的倾向并无根本改观，其中，非公经济的税负更是连年超过国有企业。在对企业税负的衡量中，本章采用了世界银行的“总税率”指标进行国际比较，同时，在对企业实际税费负担的计算中，以上市及非上市公司为代表，测算了企业销售利润率与税利率之间的变动关系，进而阐述中国税制所存在的问题，据此提出针对性较强的政策建议。

4.1 问题提出的背景

2017年年初，美国总统特朗普提出以减税为核心的施政方略①，计划将个

① 2017年12月22日，与美国国会两院妥协，特朗普签署《减税与就业法》，最终将企业所得税税率由35%降至21%，提高个税税率起征点，并降低大部分层级适用税率。

人所得税率由 7 档简化为 3 档，降低个人所得税税率，将企业所得税税率由 35% 降至 15%[①]，将跨国公司海外收入的税率降为 8.75%，以改变美国在全球竞争中的不利地位，吸引投资者在美投资[②]。几乎与此同时，英国[③]、日本等国亦表达了减税的政策倾向，称其税率“只会比美国更低”。由此大致可以预测未来欧洲和世界各主要国家的政策走向，有可能出现类似 20 世纪 80 年代世界性的减税风潮。

此一国际背景是国内围绕企业税负问题展开讨论以至激辩的外部动因。2016 年 11 月上旬，学者李炜光提出了“死亡税率”的说法，称“企业的总体税负达到 30%—40%，就有可能导致企业留利过低，失去投资和创新的能力”。随后企业家曹德旺[④]、宗庆后[⑤]等相继发表观点，认为中国实体经济税费负担过重，已经在一定程度上影响了企业投资、创新以至生存。众多学者和社会公众则通过各种媒体展开对“死亡税率”问题的讨论，有的直接予以驳斥，有的则坚持理性探讨，一时间众说纷纭，到当年 12 月中下旬时形成高峰。

其中，有的学者认为，中外税制结构不同，“死亡税率”的提法不符合事实，严重误导公众，“流转税为主体的税制结构会导致按照世行公布的‘总税率’指标计算的企业税负虚高”[⑥]。另有学者认为，“死亡税率”太过夸张，而税负高低为相对概念，其体制与机制不顺畅才是造成企业成本居高不下的重要原因[⑦]。还有一种观点认为：“从每个企业来讲，没有说税不重的，企业希望减税，所以会说税负重。”中、美税收主要负税者不同，中国是企业，美国则

---

① TLS 美股研究：“一文看懂特朗普的减税计划”，http：//wallstreetcn.com/node/282048，2016 年 12 月 28 日。

② 凤凰财经综合：“特朗普大减税中国怎么办”，http：//finance.ifeng.com/a/20161209/15066083_0.shtml，2016 年 12 月 9 日。

③ 英国财政大臣奥斯本：“将把英国公司税率从现在的 20% 降至 15% 以下，以吸引资金在退欧公投后继续投资英国”，http：//stock.cngold.com.cn/qqzx/20160705d1986n74531883.html，2016 年 7 月 5 日。

④ 潘石屹：“中国税负比美国高 35%”，http：//news.sohu.com/20170118/n478991034.shtml，2017 年 1 月 18 日。

⑤ 宗庆后：“实体经济税费比较高”，http：//finance.stockstar.com/IG2016121400001954.shtml，2016 年 12 月 14 日。

⑥ 李万甫：“‘死亡税率’引发的税负问题思考”，http：//www.chinatax.gov.cn/n810219/n810724/c2416344/content.html，2016 年 12 月 21 日。

⑦ 刘尚希：“‘死亡税率’的说法太夸张”，http：//news.163.com/16/1221/12/C8QDQCQE000187V9.html，2016 年 12 月 21 日。

是个人。中国企业在税收之外还承担着多种强制性收费①。

另外一些学者的看法则有所不同。其中，有的学者认为，“死亡税率”是从重税的危害和结果上来讲的，具有明显的警示作用，而且“死亡税率的说法也符合中央政府的减税降费精神”②。另有相关学者认为，在经济下行时，从税制改革角度（而非仅仅出台某个临时政策）实行减税或者全面推行低税模式，正是一项重要的供给侧改革措施③。还有一种观点认为，“死亡税率”的提法虽然有点夸张，但其提出的问题值得重视，尤其涉及企业非税负担方面④。另有一种观点认为，“必须解决死亡税率问题，否则企业全跑了”⑤。还有一种观点认为，“死亡税率”与“税痛指数”是异曲同工，是老问题而非新问题，需要保持两面观：一方面看到中国税制设计导致税负确实重，另一方面是征收率的提高导致企业税痛增加⑥。同时，部分学者认为，重税主义导致了中国经济周期衰落的提前到来，由此，有必要尽快解决企业税费负担问题⑦。

需要指出的是，“死亡税率”当初并不是作为一个严谨的学术概念提出的，它只是对政府征税达到某种程度的状态描述，而且是从国家决策和制度规定的层面上说的，并无批评只负有政策和制度执行职责的税务机关及其他国家行政机关的意思。另外，中共中央政治局在2016年7月26日作出关于“降低宏观税负”的决议，已经十分清晰地表明，“宏观税负”本身就是一个将各种税收和强制性收费统统包括在内的综合性概念，而且其政治定义十分确切，无须再争，学术界应当在平等讨论的基础上对“宏观税负”做出符合政治性要求和尽可能精确的学术定义，这是件不能不做的事情，因为在事关税负的问题

① 胡怡建：“中国制造税负重言论：是税重还是费重?”，http：//money. 163. com/16/1223/19/C90CV8H2002580S6，2016年12月23日。

② 张曙光：“中国为什么应当实行轻税制度”，http：//m. ftchinese. com/story/001070913，2017年1月10日。

③ 冯兴元：“提振制造业，减税不如低税”，http：//finance. sina. com. cn/zl/china/2017 -01 -03/zl - ifxzczfc6690634. shtml，2017年1月3日。

④ 贾康：“最主要问题不是正税而是正税外的负担”，http：//news. 163. com/16/1223/14/C8VPB7H400018AOR，2016年12月23日。

⑤ 周天勇：“必须解决死亡税率的问题，否则企业都跑了”，http：//finance. ifeng. com/a/20161218/15085422_ 0. s，2016年12月18日。

⑥ 根据2017年天则中国民营企业生存与发展论坛——企业税费问题与改革学术研讨会内容整理，2017年1月19日。

⑦ 时寒冰：“死亡税率下中国企业靠什么生存”，http：//blog. sina. com. cn/s/blog_ 558acfe80102wkdv. html? tj =2。

上，政府、业界、学界各方立场已经显现出较大差距。近期相关争议主要集中在“税”重还是“费”重、世行公布“总税率”的计算口径和方法是否合乎中国国情、“死亡税率”的提法有无学术价值等问题上。其中，有的是一直未获得共识的老问题，有的则是这次大讨论中出现的新问题。毫无疑问，税收学如今已成中国社会“聚光灯”之下的显学，该领域的学者任重道远。

从微观层面上衡量企业税负，是国内学术界以往较少开展的，但它却是经济社会发展过程中的一个真实问题，因而为社会各界所深切关注。近期发生的企业税负大讨论涉及范围之广、参与程度之深都是数十年来所没有过的，应该被认为是中国转型和发展的一个必然的和积极的社会现象。从学术角度讲，由微观层面的调查研究上升为宏观层面的政策分析，也更加合于经济学范式。当前有关企业整体税负的争论和探讨，恰是这种范式开始被更多的学者重视和应用的表现。从这个意义上说，“死亡税率”并非完全缺乏学术空间。

本章致力于梳理学界有关企业税负测算的文献，引入经济学中有关税收的“无谓损失”理论，探究近年来中国的宏观税负、微观企业的税费负担，特别是非公经济的实际税负等核心问题，阐述当前为企业实施减税与降负政策的必要性，并从税负的诸多构成因素中提炼出相应的减税对策和建构轻税机制的意见，以供决策者审慎考量。

4.2　“死角损失”概念的代入

本节拟以消费者与生产者剩余的视角，通过供求曲线的变化，衡量税收对于消费者与生产者福利的影响，引入有关“死角损失”及“拉弗曲线”等概念，力图为企业税负问题的研究找到理论支点。

根据微观经济学理论，当没有税收时，消费者与生产者的剩余分别为“A + B + C”及“D + E + F”（见表 4.1、图 4.1）；当有税收时，消费者与生产者的剩余分别变化为 A 及 F，分别减少的剩余是“B + C”及“D + E”；消费者支付的价格从 P_0 上升为 P_1，生产者售出的价格从 P_0 下降至 P_2；同时，销售量从 Q_1 减少为 Q_2，政府从中取得的税收收入为“B + D”。因“税”的征收而对市场结果的扭曲引起的生产者和消费者的总剩余减少，即为“死角损失”

（deadweight loss）①。上述分析意味着买者与卖者因税收遭受的损失“B + C + D + E”大于政府筹集到的收入“B + D”。

表 4.1　　税收如何影响福利②

	没有税收时	有税收时	变动
消费者剩余	A + B + C	A	-（B + C）
生产者剩余	D + E + F	F	-（D + E）
税收收入	无	B + D	+（B + D）
总剩余	A + B + C + D + E + F	A + B + D + F	-（C + E）
面积 C + E 表示总剩余的减少，并代表税收的“死角损失”			

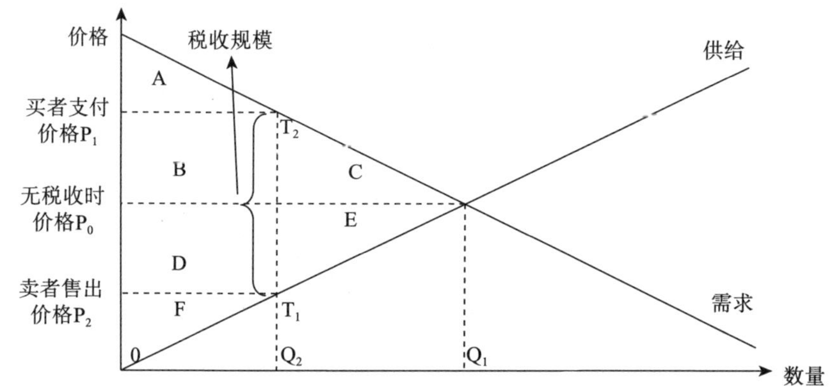

图 4.1　税收如何影响福利

造成这一损失的原因在于，在没有税收的条件下，市场的均衡能够使买卖双方的福利最大化。但是，当税收介入市场后，原有的市场供求受到影响。税收使价格出现偏差，即买方比原来支付更多的成本，卖方比原来获得更少的收益，并且分别导致买方减少消费、卖方减少生产，致使市场规模不断缩小，扭曲了买卖双方原有的市场激励，引发低效乃至无效资源的配置问题。

跟进“死角损失”这一视角，结合税收收入规模的变化，可以发现，当政府提高单位产品价格的税率“$T_2 - T_1$”时，生产者与消费者遭受到的“死角损失”将不断增大，但是，并不意味着税收收入可以持续增长，即呈现

① 王则柯：《图解微观经济学》，北京：中国人民大学出版社 2008 年版，第 231—232 页。

② ［美］格里高利·曼昆：《经济学原理》，梁小民、梁砺译，北京：北京大学出版社 2012 年版，第 162—164 页。

“拉弗曲线”的形状——税率持续提高，税收收入则呈现先增长、后下降的走势。

将其用于现实问题分析，“死角损失”理论亦能提供一些借鉴意义较强的思考。例如，“五险一金”作为劳务税性质的征收，一方面减少了就业量（Q 的变化），另一方面提高了作为需求者——企业的用工成本，同时降低了作为供给者——劳动者的工资可支配收入（见第 3 章）。

再看增值税，其在我国一般作为含税价参与商品的交易，一方面减少了市场交易量（Q 的变化），另一方面提高了需求者（销项税的负担者）的支出成本，同时降低了作为供给者（进项税的负担者）的实际收入。增值税作为流转税制的“累退性”在此问题上也有相当程度的体现（见图 4.2）。

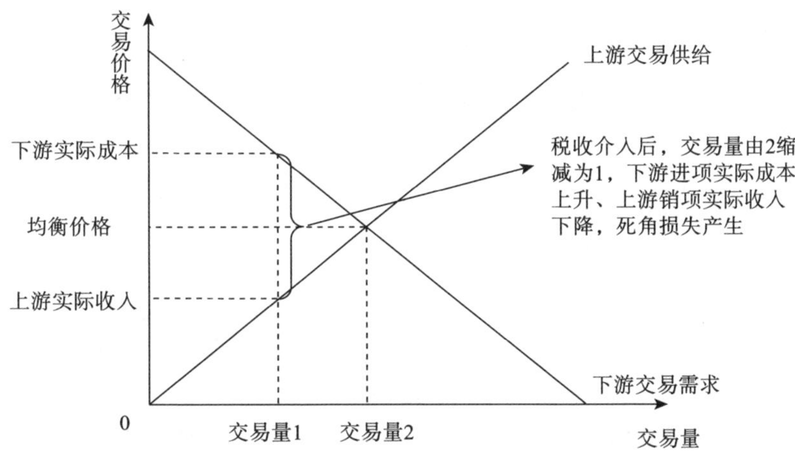

图 4.2　增值税的含税价对产业链分工交易的影响

无论是“五险一金”的强制性征收，还是增值税的含税价在市场交易中的楔入，都造成了市场的“死角损失”：市场的供求双方减少的福利远大于政府取得的税收（“五险一金”及增值税）收入，看得见的是政府的税收收入，看不见的却是市场供求双方的福利损失。同时，也要看到，福利损失并非全部仅传导至生产者和消费者，其中另一部分以“无谓损失”之名，近似于凭空消失——本可以正常进行的交易活动无法进行，政府本可以征集到的税收再也无法得到了。这就告诫税收政策的制定者：税率不可过高，税负不可过重，否则市场供求双方的福利损失会更大，而政府税收所占份额相反会变得更小。高税负的结果，必然是生产者、消费者和政府利益三重受损。尤其是政府，求财政收入高增长而不得，或者得不偿失。

“死角损失”理论还表明，并不是征税到企业关门倒闭的程度才是负担过重，而是应当把禁区线划在是否妨碍企业的投资和创新的临界点上，当然，这条“线”应该划在什么图形的什么位置上，还需要更多学者的深入研究才能得到更清晰的结论。以此为理论依据，可以探讨当前中国企业的税负状况和出路，尤其是在企业税收贡献率在90%以上的当下，应当设法弄清楚究竟哪一类型企业承担大部分税收比重，以及这种税费负担对企业的生存发展究竟构成了何种影响。在具体的企业税负衡量中，则应重点参考世界银行的“总税率”指标，应用在上市及非上市代表性企业中，以较为准确地分析中国税制结构中的种种现实问题。

4.3 宏观、微观税负相关性探究

税费负担有微观与宏观两个层面：微观层面，意指企业及居民家庭的税费支出占其收入的比重；宏观层面，意指全部微观个体的税费总和与当年的国民收入的比重。微观与宏观，彼此印证：对于微观层面的企业税费负担的分析，离不开对宏观税负问题的整体认知和把握。

学术界的一般看法是，宏观税负的测算要素是政府收入与同期GDP两个数值之比。对GDP要素作为分母，人们的看法较为一致，而分子部分——政府收入，学者一般把它分为大、中、小三个口径：小口径一般指税收收入占GDP的比重，中口径一般指税收收入及社保缴款（或称“五险一金”）之和占GDP的比重（部分学者认为，中口径宏观税负指一般公共预算收入，但不包括社保缴款）；大口径一般指扣除重叠部分的四本预算之和占GDP的比重。问题发生在具体计算过程中，一些关键问题需要做学术上的进一步辨析，比如：收费等非税收入是否应当作为宏观税负的一部分①？以“五险一金”为代表的

① 朱青：“如何判断中国的税负高低”，http：//mp. weixin. qq. com/s/57VMGpzynqAOl7nV4Psk4w，2017年2月9日。

社保缴款是否注意扣除财政补贴收入即单纯计算社保缴费收入[①]？土地出让金收入是否应该计入大口径宏观税负中[②]？国有资本经营预算收入是否应该列入宏观税负[③]？国有企业利润是否应当取代国有资本经营预算收入？学者们对这些问题有着相当大的分歧各持己见。

学者依据各自的口径和方法计算出的宏观税负比值，从20%到40%多，结论相差甚远，但对以下问题大体上都是认可的：一是税负与人均GDP应保持适当的比例，税负不宜过重；二是税负高低与医疗、教育、养老等民生保障水平应尽可能地相互匹配，以使税收较好地体现正当性和合理性。可借鉴罗斯巴德在《美国大萧条》中的观点：“税负”即“估算政府对私营国民产值的掠夺程度”[④]，并参考阿西莫格鲁等人在《国家为什么会失败》一书中对汲取性及包容性政治、经济制度二分法，该分析方法侧重对“汲取性制度”下“政治手段如高额的赋税”“经济手段如垄断等途径控制市场价格以获得高昂的垄断利润”的分析，认为政府的每一分钱的税收以及政府通过国有企业造成的市场垄断获取的垄断利润，近似于挤占了公民包括私人及私营企业的支出权利。据此，笔者建议在计算宏观税负时采用“政府广义收入”的概念作为分子，具体处理及分析依据如下：

对于一般公共预算中包括专项收入、罚没收入、行政事业性收费在内的非税收入的处理，多数学者主张在计算中考虑这些因素，但也有部分学者以税收的无偿性为凭，认为以上非税收入是政府提供特定公共服务而收取的对等价格，与税收的无偿性存在本质上的不同[⑤]，因而不主张将其计入宏观税负的分子之中。但是，现代税收理论揭示，政府对所有收入的支配均应秉持对价提供公共产品及服务的原则，在市场化和公民收益多元化的今天更应强调的恰恰是税收的“有偿性”，纳税者也不会在意所纳税款是否“一对一”返还。因此，“无偿性”应属于税收形式特征讨论中的伪问题，在计算宏观税负时不应该把

---

① 新华社：“大数据详解企业税负衡量轻与重不能‘以偏概全’”，http://www.chinatax.gov.cn/n810341/n810780/c2392512/content.html，2016年11月25日。

② 肖捷：“中国宏观税负有上升需要和空间”，http://cj.sina.com.cn/article/detail/1010236564/97732?column=china&ch=9，2011年4月6日.

③ 张曙光：“中国为什么应当实行轻税制度”，http://m.ftchinese.com/story/001070913，2017年1月10日。

④ ［美］罗斯巴德：《美国大萧条》，谢华育译，上海：上海世纪出版集团2003年版，第468页。

⑤ 朱青：“如何判断中国的税负高低”，http://mp.weixin.qq.com/s/57VMGpzynqAOl7nV4Psk4w，2017年2月9日。

非税收入因素排除在外。

社会保险基金预算收入中的财政补贴收入大部分来自一般公共预算收入，在“四本账”的预算中属于重复部分，因而在计算时应该予以扣除。而这是学界较为忽视的，也是社会公众对社会保险基金实际收支情况多停留在社保基金所谓结余这一假象上的原因之一。

关于土地出让金收入的认识及处理，根据 IMF 对政府收入的界定，国有土地作为非生产性资产，其出让行为近似于市场交易，这一交易导致政府资产负债表的变化，一方面是资产的减少，另一方面是资金的增加，并不影响政府净资产，因而不被视为财政收入。可这种情况并不适用于中国，宪法规定土地为国家所有（所有权意义上），同时各级政府自 1994 年分税制改革以来，即被允许将土地使用权以招、拍、挂等方式出让来获取城市公共建设资金，这便是汲取性制度下政府通过土地垄断获得的垄断利润。据此，在计算宏观税负时，应加入包括土地出让金在内的政府性基金收入这一数值，而不应忽视。

关于国有资本经营预算收入，因其来自国有企业所实现的利润按照比例适当、从低的原则上缴（2007 年确定实施），当时预计这一比例在 2020 年之前达到 30%（党的十八届三中全会决定）。在汲取性制度下，对于政府垄断产生的超额利润，不应仅计算国有资本经营预算收入，需要更加全面地反映国有企业的存在对市场造成扭曲的同时所产生的超额收益，即国有企业利润，故而在宏观税负计算方式中，采用了国有企业利润这一数值。

因此，本章主张采用政府广义收入的概念作为分子，即一般预算公共收入（税收收入及非税收收入）、扣除财政补贴收入的社会保险基金收入（即社会保险费收入）、政府性基金收入（包括土地出让金）以及国有企业利润（包括国有资本经营预算收入）等，将其加总后与同期的 GDP 相比而得出宏观税负水平的具体数值。考虑到中国近年来的宏观税负水平，本章主张以相对的大口径广义税负作为衡量标准。

如表 4.2 所示，“宏观税负口径”在 2010—2015 年均在 37%—40% 波动，尽管近 3 年来稍有下降，即从 40% 下降至 37%，略高于发达国家水平，但相对于中等收入国家同期依然维持在较高水平上。需要注意到的问题是，目前我国税收 90% 以上来自企业，近 40% 的宏观税负至少从近似值的角度可以说明，我国企业的微观税负也处于接近于这个数值的高水平上，目前，国内不少学者也是持相同看法的。在我国，除新兴产业和金融业等少数领域外，相当多的企业实际利润率不到 10%，这样高的税费负担足以导致东部沿海的部分加工企业处于困境之中，甚至亏损倒闭，这就是为什么相关企业及学者坚持“税负过高”这一观点的由来。

表 4.2　2010—2015 年中国“宏观税负”初步测算表①　单位：亿元

指标	2010 年	2011 年	2012 年	2013 年	2014 年	2015 年
A. 国内生产总值	408 903	484 124	534 123	588 019	635 910	676 708
b. 一般公共预算收入	83 102	103 874	117 254	129 210	140 370	152 217
c. 社会保险基金收入	19 276	25 153	30 739	35 253	39 828	43 088
c1. 社会保险费收入	14 610	19 556	23 697	27 022	30 039	32 518
c2. 财政补贴收入	1 899	5216	6 349	7 371.5	8 447	10198
d. 政府性基金预算收入	36 785	41 363	37 517	52 239	54 093	42 330
e. 国有资本经营预算收入	559	765	951	1 011	1 411	2 560
f. 国有企业实现利润	19 871	22 557	21 960	24 051	24 765	23 028
宏观税负 = (b + c1 + d + f) /A	38%	39%	38%	40%	39%	37%
发达国家宏观税负均值	34%	35%	35%	36%	36%	36%
发展中国家宏观税负均值	27%	29%	29%	29%	29%	28%

资料来源：国家统计局、财政部、IMF。

此外，中国政府所收取的财税收入，其相对应的民生领域支出如教育、医疗、养老等社会保障，无论在数量还是质量上，与高收入国家相比还存在较大的差距。对于当前正在处于中等收入国家行列的中国来说，民生支出接近高收入国家水平还需要一个相当漫长的过程，保持本国宏观税负水平与当前民生领域保障水平尽可能接近，应成为政府宏观经济政策所追求的主要目标。中共中央政治局做出的“降低宏观税负”② 的决议③的确十分必要，但也需要更加清醒和充分地认识到这一政策在落实过程中浮现出来的复杂性和巨大难度。

---

① 本报告在计算政府收入时，以历年的一般公共、社保基金、国有资本、政府性基金等四本预算为基础，对于“预算四本账”重叠部分，仅计算重叠较大部分，即去除 c 中的 c2，仅加入 c1 即社保费收入；对于 2015 年 GDP 及一般公共预算收入数值，分别引用自国家统计局 2016 年 1 月 20 日及财政部 2016 年 1 月 29 日官网数据，同时注意到后续这两个数值的更新，因考虑到对计算结果影响不大，并未做出相应调整，特此说明。

② 2016 年 7 月 26 日中央政治局会议，http：//www.jjckb.cn/2016 -07/27/c_ 135543111，2016 年 7 月 27 日。

③ 后文对于究竟哪些是过高的税费，将有重点分析。

综上所述，根据宏观税负与企业税负相互作用关系，要实现“降低宏观税负”这一政策目标，需要落实的是降低税负的主要承担主体——企业的税费负担。有效降低企业税负，进而缓解宏观税负与民生领域保障水平的落差，实现两者的相对平稳。

另外，目前我国非公经济[①] GDP 贡献率在 60% 以上，吸纳就业 80% 以上，民间投资占比 60% 以上，已成为我国经济发展不可或缺的基础性力量。但同时，我国非公经济的总体税费负担仍然处于较高的水平上。

由表 4.3 可知，2014 年我国国有企业税收占全国税收总收入的 29.33%，从 2005 年的 39.59% 一路下降至此。同时期外资企业税收占全国税收总收入的 19.24%，与 2005 年的 21.09% 相差不大。与此同时，非公经济主体税收占全国税收总收入则过半，至 51.43%，与 2005 年的 39.32% 相比，提高近 12%。2014 年，“非公经济 + 外商企业”税收贡献之和在全国税收总收入中的占比达到 70%，相比 2005 年的 60% 提高了将近 10%。由表 4.3 绘制图 4.3，可印证以上趋势。

表 4.3　　2005—2014 年中国分企业类型税收贡献占比

年份	全国税收收入（万亿元）	国有企业上缴税金（万亿元）	国有税收占全国税收收入比例（%）	外资企业税收（万亿元）	外资税收占全国税收收入比例（%）	非公经济税收（万亿元）	非公税收占全国税收收入比例（%）
2005	3.03	1.2	39.59	0.64	21.09	1.19	39.32
2006	3.69	1.39	37.62	0.80	21.59	1.51	40.79
2007	4.86	1.7	35.00	1.00	20.53	2.16	44.47
2008	5.79	2	34.57	1.21	20.94	2.57	44.49
2009	6.31	2.2	34.86	1.36	21.58	2.75	43.56
2010	7.74	2.8	36.18	1.64	21.18	3.30	42.64
2011	9.57	3.4	35.52	1.96	20.51	4.21	43.97
2012	11.08	3.7	33.40	2.18	19.65	5.20	46.94
2013	12.00	3.9	32.51	2.31	19.24	5.79	48.25
2014	12.95	3.8	29.33	2.49	19.24	6.66	51.43

资料来源：根据《2005—2015 年中国税务年鉴》《2005—2015 年国有资产监督管理年鉴》整理。

① 《关于进一步做好民间投资有关工作的通知》（国办发明电〔2016〕12 号）。

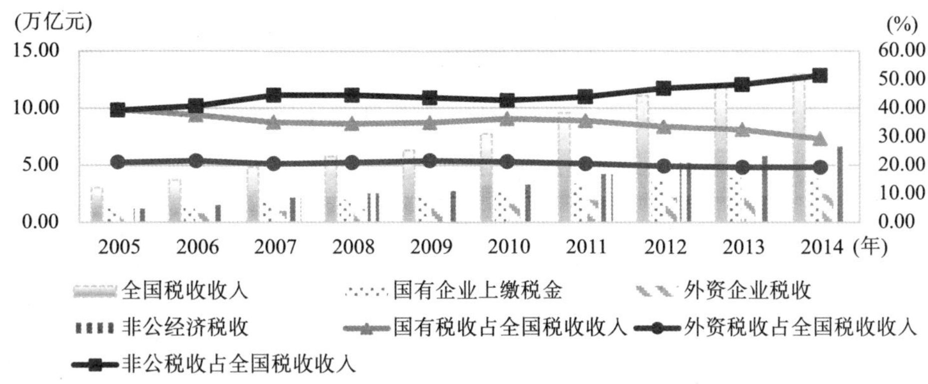

图 4.3　2005—2014 年全国税收收入中按企业类型划分的税收占比

资料来源：根据《2005—2015 年中国税务年鉴》《2005—2015 年国有资产监督管理年鉴》整理。

近 10 年来，我国国有企业税收贡献比例下降至不足 1/3，而非公有经济税收贡献比例却整体呈现上升态势，如今已占比过半；外资企业税收贡献相对稳定，维持在 1/5 上下浮动；非公经济的地位愈加重要，并日益成为财政税收收入的支撑力量。也可看出，我国非公经济的税负的确不轻①，且呈现出明显上升的趋势，直接导致民间固定资产投资增速长期处于低迷，进而影响就业乃至内需。当整体经济不景气和增长保持低速时，或者当企业产品的行业平均利润率不能支持企业有尊严地生存，基本无力从事产品研发和技术创新时，原本“一成不变”的税率便可能成为企业难以承载的负担，甚至成为导致企业衰落的“杀手”。

米塞斯等经济学家曾经反复指出，过高的税率或过重的税负，是对于有效资本的掠夺，因为这一有效资本本来可以继续用于企业扩大再生产的额外资本累积或资本净增额。由于税收的过度征收，导致社会有效资本的减少，影响企业自发投资和创新，致使社会生产率难以实现提升，甚至影响工人实际工资的增加。人们通常认为过重的税收尤其是企业税负，只会有损于直接纳税的富人，这其实是个谬论，因为穷人也绝不可能是这种税收政策的受益者。

---

①　非公经济税收贡献占比过半，结合非公经济 GDP 贡献率为 60%，可以推论非公经济的税负比值（税收贡献/GDP 贡献）；但限于同期国有企业 GDP 贡献率这一数值尚不确定（尽管有资料显示在 25%—30%，但并不明确），因此无法直接推论出非公经济税负一定高于国有企业。但是，上述情况至少可以说明，非公经济对税收收入的意义在收入占比上已超过国有企业，包括非公经济及国有企业在内的企业税负的确不轻。

4.4 “总税率”的应用

如文献所述，关于企业微观税负的衡量标准和方法，目前学界尚无定论。有的学者沿袭西方以所得税为主体的所得税率计算方法，显然与中国以流转税为主体的税制结构不合；有的学者以“销售收入税负率”为衡量标准，重点看企业所交税款和各种强制性缴费占其生产经营成果的比重①，但在一定程度上缩小了企业税负比值；也有学者以企业部门实际有效税负（现金流量表）计算，认为不包括社保缴费的中国企业，其实际有效税负占其税前收入的40%以上，而美国则不到30%②。

接下来，本书引入世界银行的“总税率”概念，即以企业所承担的所得税、劳务税及其他强制性缴费之和除以企业的净利润，作为企业税负的计算公式。在假定增值税可以顺利流转的前提下，将企业生产经营过程中实际支付的税费负担包括企业所得税、雇主配套支付雇员的“五险一金”，以及在增值税基础上所缴纳的城建税、教育费等附加税等，与企业实际经营成果——净利润相除而得出的比值作为衡量依据。

目前，国内学界对于“总税率”这一衡量方法基本上持否定的态度，部分学者认为世行测算的“总税率”属于微观税负分析，用这一指标来进行国与国之间的横向税负比较意义不大，且比较税负关键要看宏观税负，即总收入与名义GDP的比值③。另有部分学者认为，中国“总税率”68%是通过一种模拟的计算方法得出，存在大量的假设条件，不是依据实际的数据，对当前企业来讲，不仅仅是税的问题，关键是企业的综合成本比较高④。还有一种观点认

① 新华社：“大数据详解企业税负衡量轻与重不能‘以偏概全’”，http://www.chinatax.gov.cn/n810341/n810780/c2392512/content.html，2016年11月25日。

② 梁红等：“提高人民币竞争力的更优政策选择——美英提出减税政策对中国的启示”，http://mp.weixin.qq.com/s/o5ArtTcdItewLg_EveAQTQ，2016年11月28日。

③ 楼继伟：“世行总税率意义不大”，http://news.xinhuanet.com/fortune/2017-01/16/c_1120323127.html，2017年1月16日。

④ 刘尚希：“谈减税不能‘就税论税’”，http://news.ifeng.com/a/20170114/50575401_0.shtml，2017年1月14日。

为，中国“总税率”指标偏高是以增值税为代表的流转税为主体的税制结构造成①。同时，另一种观点认为，“总税率”忽视企业的真实情况，类似“税收痛苦指数”，仅将税率简单相加②。

针对以上主要反驳意见，本书认为：一方面，“总税率”的指标生成过程恰恰是以增值税在中国能够顺利实现转嫁为前提的，世行营商指数课题组在计算中国“总税率”的过程中并没有把增值税因素包括在内③。另一方面，“总税率”这一指标并非如“税收痛苦指数”一般的税率简单相加，而是将样本调查集中当地正常运营中的企业实际缴纳的所得税、雇主为雇员缴纳的“五险一金”及城建费、教育费附加等附加税，分别与当年样本企业的商业利润做比较，得出比例依次相加，从而得出“总税率”这一比值，恰恰是以客观相对保守的实验条件④，模拟出中国实体经济的平均税负水平，投射到企业现实中，确有其参考价值。同时，微观税负与宏观税负息息相关，衡量税负，两者应是相辅相成的关系：宏观税负重，微观税负必然不轻；同理，微观税负重，宏观税负水平也低不到哪里去。

因此，参考世界银行“世界发展指标”中的“总税率”⑤ 指标，结合“死角损失”理论可见，企业所承担的诸如所得税、“五险一金”等税项，皆是对市场正常交易的扭曲，进而导致市场原有供、求双方交易量的损失，皆是对企业最为关注的利润的影响。由此，本书认为，“总税率”可以作为衡量中

---

① 李万甫：“死亡税率”引发的税负问题思考，http：//www. chinatax. gov. cn/n810219/n810724/c2416344/content. html，2016 年 12 月 21 日。

② 胡怡建：“中国制造税负重言论：是税重还是费重”，http：//news. 163. com/16/1223/19/C90D046D000187VE. html，2016 年 12 月 23 日。

③ 关于“总税率”定义，具体可查询其官网：http：//www. doingbusiness. org/methodology/paying – taxes。其中，具体增值税的处理依据如下：“For the purpose of calculating the total tax rate（defined below），only taxes borne are included. For example，value added taxes（VAT）are generally excluded（provided that they are not irrecoverable）because they do not affect the accounting profits of the business—that is，they are not reflected in the income statement”。

④ 关于具体的假设条件，可参见：http：//www. doingbusiness. org/methodology/paying – taxes，“Assumptions about the business”。

⑤ Total tax rate（percentage of commercial profits）：Total tax rate measures the amount of taxes and mandatory contributions payable by businesses after accounting for allowable deductions and exemptions as a share of commercial profits. Taxes withheld（such as personal income tax）or collected and remitted to tax authorities（such as value added taxes，sales taxes or goods and service taxes）are excluded。总税率（所占商业利润的比重）指企业缴纳的税和强制性缴费占商业利润的比重，但代扣代缴的个人所得税及流转税、消费税、商品及服务税均排除在外。

国企业所承担税费负担情况的另一种尝试，与营业收入税负率[①]这一常规传统测算方式相辅相成，但是，对于两者之间的关系到底如何变动，还值得进一步探究。

2016 年下半年以来，也有部分学者以“总税率”指标为参考，结合中国现实国情，尝试推进以利润作为分母的税负测算，如丛屹、周怡君（2017）[②]的“利润税负”所发现的“税负刚性”，如张瑶、朱为群（2017）[③]的企业税负“痛感”，如李炜光、臧建文（2017）[④]的“税利率”指标等。

借此利用“总税率”的测算视角，通过国际对比，整理中国企业“总税率”的变动趋势（详见图 4.4）。

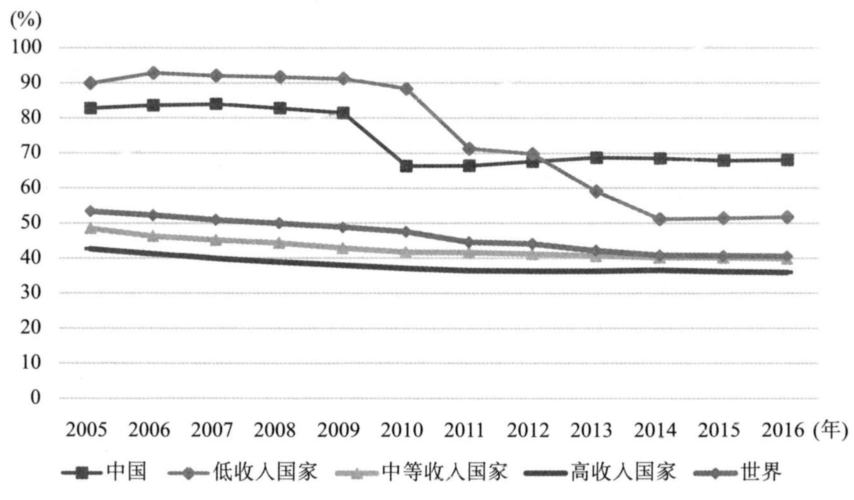

图 4.4　2005—2015 年世界银行统计发展指数中的总税率

资料来源：根据世界银行发展指数数据库整理。

观察图 4.4，大体可以总结出一条规律来：人均 GDP（低、中、高收入国家）与企业“总税率”呈负相关关系，即收入水平相对低的国家，其平均的

① 另一种也可称为销售收入税负率。

② 丛屹、周怡君：《当前我国税制的“税负刚性”特征、效应及政策建议——基于 2013—2016 年制造业上市公司数据的实证分析》，《南方经济》，2017 年第 6 期，第 53—63 页。

③ 张瑶、朱为群：《我国企业税负“痛感”凸显之谜探析》，《南方经济》，2017 年第 6 期，第 44—52 页。

④ 李炜光、臧建文：《中国企业税负高低之谜：寻找合理的企业税负衡量标准》，《南方经济》，2017 年第 6 期，第 1—23 页。

企业“总税率”相对较高，收入水平相对较高的国家，其平均的企业“总税率”相对较低。同时，收入水平相对低的国家，在 2005—2015 年呈明显下降的趋势，尤其是“低收入国家”，企业“总税率”下降更为明显，达到约 40%。

对于中国来说，2005—2016 年“总税率”基本呈现下降趋势，2014 年、2015 年、2016 年，我国企业“总税率”分别为 68.5%、67.8%、68.0%①，明显高于高收入国家平均水平，亦显著高于中等及低收入国家的平均水平。2016 年，中国“总税率”68.0%的具体构成是：10.8%为利得税（profit tax），48.8%为劳务税（labour tax），8.4%为其他税。可见，在中国“总税率”指标中，占比较大的一项是劳务税，即雇主配套缴纳的“五险一金”。

从以上可知中国企业整体税费负担的“总税率”指标在世界范围内的位置，但具体到中国企业，包括各行业的上市及非上市公司，其税费负担轻重程度又如何呢？

4.5 企业实际税负测算

企业作为营利性组织，追求利润是其首要目的。在此过程中，企业为市场提供有竞争力的产品及服务，在得到消费者的认可即实现购买之后才能取得营业收入。接下来，要扣除原材料、人工等营业成本，并扣减其中所附加的各类税费，才能最终获取营业利润。而政府及其税务、社保等职能部门作为征税（费）一方，不仅对企业利润征收所得税，还在企业的生产、销售过程中征收各类流转税、行为税、财产、资源等税，一并计入“支付的各项税费”，包括附加在人工工资上的劳务税即“五险一金”②，以上均构成经营企业切实的成本负担。本节整理了 2015 年各代表性行业中上市及非上市公司的资产报酬率、不同口径下的税负高低、销售利润率等指标，详见表 4.4。

---

① 世界银行 doing business 项目发布的《Paying tax 2017》。

② 因企业缴纳的五险一金数据并未均体现在上市公司的财务报表中，因此在本章计算中，暂且忽略，但不意味着这一成本支出不作为企业税费负担。

表 4.4　　2015 年中国企业税负率各衡量指标①

序号	企业名称	年份	净资产报酬率	税利率 1	税利率 1.1	税利率 2	税利率 3	销售利润率	所属行业
1	非上市 1	2015	2%	217.8%	226.2%	151.2%	1.0%	0.65%	代加工及贸易
2	非上市 2	2015	-3%	-66.7%	-49.1%	-49.1%	4.3%	-8.8%	金融设备
3	非上市 3	2015	33%	0.0%	3.4%	3.4%	6.8%	201.7%	投资
4	非上市 4	2015	20%	93.8%	101.7%	90.7%	6.7%	7.4%	网络通信
5	非上市 5	2015	1%	6.4%	29.3%	24.9%	4.2%	16.8%	娱乐
6	华英农业	2015	1%	155.4%	151.0%	146.7%	1.4%	1.0%	农业
7	宝山钢铁	2015	2%	830.0%	765.1%	294.6%	3.3%	1.1%	钢铁
8	康师傅	2015	12%	67.5%	70.8%	42.2%	2.2%	5.2%	快速消费品
9	联华超市	2015	-4%	-63.5%	-56.3%	-154.2%	0.8%	-0.5%	连锁销售
10	中国联通	2015	22%	47.2%	48.3%	36.9%	19.2%	52.1%	通信服务

资料来源：各上市及非上市公司（为保护商业信息，隐去非上市公司名称）2015 年财务审计报告。

在表 4.4 中，“税利率 3”（当期应交税费/营业收入）实际数值并不很大，但在“税利率 1”“税利率 1.1”“税利率 2”的衡量口径中，即使对于同一企业，亦存有较大差异，但若纵向比较，可以观察到以下现象：如果企业销售利润率高，一方面，意味着企业产品毛利润高，另一方面，则表现为企业税负转嫁能力较强，从而使得企业税费支出与净利润之比、税费支出与税前利润之比均相对较低。如表 4.4 所示，中国联通销售利润率高达 52.1%，非上市企业某投资公司财务费用中的利息收入高导致其销售利润率高达 201.7%。因此，其“税利率 1”“税利率 1.1”“税利率 2”的数值，则相对较低。又如非上市公司某代工企业销售利润率仅为 0.65%，华英农业为 1.0%，联华超市出现负的销售利润率（-0.5%），则其企业本身税负转嫁能力较低，显示税费支出与净利润、税前利润之比，则相对较高。

冯红霞（2008）以 2008 年山东省威海市销售额为 1 000 万元的纯内销生产型一般纳税人为基准，在比较企业税利率（含税销售额）与销售毛利率关系时，发现“毛利低于 12% 时，所缴税费却比销售的毛利还要多。毛利越低，

① 净资产报酬率 = 税前利润/净资产；总税率 1 = 当期实交税费/净利润；总税率 1.1 = 当期应交税费/净利润；总税率 2 = 当期应交税费/税前利润；总税率 3 = 当期应交税费/营业收入；销售利润率 = 税前利润/营业收入。

这个现象越明显”[①]，同时指出：“当毛利低于 11.5% 时，企业做得越多亏得越多，而这个亏损恰恰来自税负率的爆发式增加，即使在企业毛利率为 10%—30% 时，企业真实税利水平也均高于 53%[②]，即赚的钱大半缴了税费。[③]”

根据我国现行所得税、增值税及“五险一金”缴费费率水平，以一般纳税人的制造型企业为样本，假设除工资外所有原材料均实现进项抵扣，销售、财务、管理等三大费用仅为销售收入的 10%，这其中可作增值税进项抵扣部分为 20%，按工资占销售成本比例为 10% 这一保守估值，计算销售毛利率 X 与税[④]利率 Y 的数量关系为：

$$Y = \frac{1}{3.020} + \frac{0.2059}{(3.020X - 0.2263)} \tag{4.1}$$

双方变动关系见图 4.5：

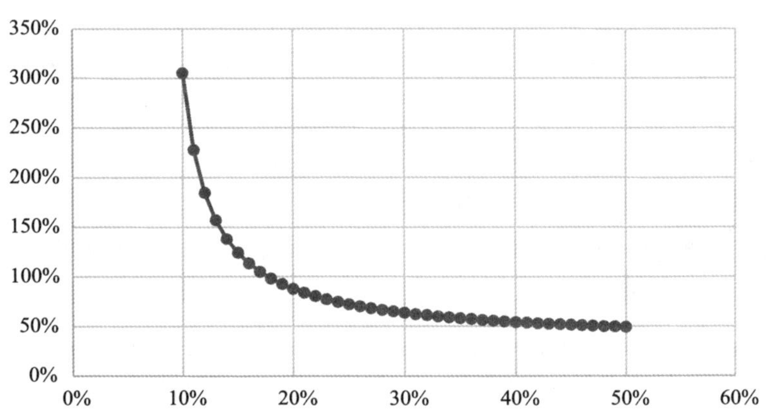

图 4.5 销售毛利率 X（横轴）与税利率 Y（纵轴）之间的关系图

观察图 4.5 可知，当企业销售毛利率为 50% 时，其税利率为 49%，即税款支出额占毛利润的 49%，接近一半，但当企业销售毛利率下降至 10% 时，其税利率可陡增为 305%，即税款支出额占毛利润的 3 倍多，企业的税费负担

---

① 冯红霞：《我国税负水平与降低企业税负的税改研究》，山东大学，2008 年硕士毕业论文。

② 无独有偶，类似的判断亦发现在陈洁璟《降低中小企业税负问题初探》中。测算 100 元的收入在利润率为 3% 即利润为 3 元时，所承担的包括增值税及其附加、所得税在内的税费负担为 4.55 元，因此，税收占企业税前利润比为 151.6%；在利润率为 30% 时，即利润为 30 元时，所承担相应的税费负担为 13.3 元，因此，税收占企业税前利润比为 44.3%。

③ 冯红霞：《我国税负水平与降低企业税负的税改研究》，山东大学，2008 年硕士毕业论文。

④ 税项仅包括企业所得税、增值税、城建税、地方教育费、教育费、“五险一金”企业部分、印花税等七项。

感知程度越发加重，这也是为什么经济形势普遍下行之际，企业抱怨税费负担重的重要原因。

只有在企业盈利的情况下，政府才能从中“分得一杯羹”，但我国当前以增值税为主体的流转税设计对此因素的考虑是不够充分的，如樊勇教授所指出的，“在理论上讲，增值税是间接税，纳税人缴纳多少税与自己并无关系”①。但是，因为增值税抵扣制度所要求的进项销项发票条件较为严苛，导致增值税进项留抵金额较大，占压企业资金，无法实现及时的转嫁，这对企业成本、利润的影响不可忽视。

据联华超市2014年及2015年财务审计报告可见，虽然本期2015年营业收入从上一期2014年的291亿元下降至272亿元（见其2015年年报），其净利润却从1.2亿元下降为-4亿元，而实际税费支出却不降反增，从1.79亿元增加至2.54亿元。其中，增值税及其他应交款由1.16亿元增加至1.45亿元。又如非上市公司某金融设备企业，其销售利润率为-8.8%，即净利润为-133万元，但现金流量表显示，其所支付的各项税费为88.9万元，其中，占比最大的是增值税67.7万元，税利率1则显示为-66.7%。由于流转税的税基并不因利润多少而变化，且因当前增值税抵扣链条并不完整，小微企业原材料等进项抵扣不能顺利实现，导致企业即使出现负利润时，其所负担的税费依然维持较高水平，如联华超市、非上市公司某金融设备企业等。

无论上市或非上市公司，其“总税率”在近年的变动趋势都说明，我国税负之重（表现为税费支出占净利润比重过高）和税制结构的不尽合理（税费不与利润呈正相关关系）都是目前依然存在的主要现实问题，都应当在下一步税制改革和税收政策调整中予以充分的重视。

4.6 中国减税降负的可行空间

无论是中国传统社会所强调的“有若定理”②，还是现代经济学中的“拉

① 樊勇：《如何看待2016年营改增收官》，《四川财政与会计》，2016年第2期，第159—165页。

② 李炜光：“有若定理与拉弗曲线”，http://www.qstheory.cn/zl/bkjx/201308/t20130826_264430.html，2013年8月26日。

弗曲线"，均道出一个浅显易懂的常识：提高税率，政府或许可以获得更多的税收收入，但当税率提高到某一点后，如果税率还要继续提高，政府获得的税收收入不仅不会继续增长，反而会下降。恰恰是在这个时段（"拉弗曲线"的后半段），政府的税收收入难以增长，但问题是纳税人包括企业及个人在内，均感到税费负担相当沉重。因此，设法降低宏观税负中占比较大的税种收入，如增值税、企业所得税、"五险一金"等，便成为减税降负的可行路径。

4.6.1 增值税价税分离

在国际上，中国现行增值税税率并非高值，但这并不能说明全部问题，因为不能仅简单横向比较企业主要税种（增值税及企业所得税）的税率在国际的高低，还要考察该税种在税收收入结构中所占的比重。

表 4.5 2003—2015 年中国与 OECD 增值税在税收结构中所占比重的对比

指标/年份	2006	2007	2008	2009	2010	2011	2012	2013	2014	2015
中国税收收入（亿元）	34 804	45 622	54 224	59 522	73 211	89 738	100 614	110 531	119 175	124 892
中国国内增值税（亿元）	12 785	15 470	17 997	18 481	21 093	24 267	26 416	28 810	30 855	31 109
中国社保费收入（亿元）	6 789	8 485	10 604	14 313	14 610	19 556	23 697	27 022	30 039	32 518
增值税/税收（%）	37	34	33	31	29	27	26	26	26	25
增值税/（税收＋保费）（%）	31	29	28	25	24	22	21	21	21	20
OECD 增值税/税收（%）	19	19	19	19	20	20	20	20	暂无	暂无

注：OECD 将社保作为税收构成，因此对应中国社保费与税收收入求和，以保持分母一致，增加可比性。

资料来源：国家统计局官网、财政部、历年社会保险基金预算及 OECD 数据库。

我国增值税收入及其在税收与社保之和中的占比尽管与 OECD 国家平均占比相差不大，但随着"营改增"的全面推开，2015 年，1.9 万亿元的营业税正悉数转为增值税，其占税收收入比例可能提升至 40%，其占税收与社保之和的比重为 30%，其与 OECD 国家差距便将拉大，而其中一直存在的增值税抵扣链条的不完整、进项抵扣不充分的问题都将转化为企业的实际税收负担。

我国实施的增值税制，有别于西方的价税分离的情形，包含增值税的含税价格成为市场交易的信号，这就容易造成供求双方因价格提高过快（供给方提高价格以实现税负转嫁，过高价格导致需求量降低、交易量减少）而导致的“无谓损失”的出现。解决的途径，应当是接轨价税分离的市场交易体系，不仅有利于培育纳税人意识，避免市场的“无谓损失”，同时通过进一步简化税制和归并税率，实现增值税制度的良性转化。

4.6.2 适度降低企业所得税税率

对于所得税，横向比较各国企业所得税税率同样并不适宜，也需要考察企业所得税收入在中国税收总收入中的比重。从表4.6可知，中国企业所得税无论在税收收入（18%—22%），还是在税收与社保之和的占比中（15%—17%），均远高于OECD国家平均占比的8%—11%。

表4.6 2003—2015年中国与OECD企业所得税在税收所占比重的对比

指标/年份	2006	2007	2008	2009	2010	2011	2012	2013	2014	2015
中国税收收入（亿元）	34 804	45 622	54 224	59 522	73 211	89 738	100 614	110 531	119 175	124 892
中国企业所得税（亿元）	7 040	8 779	11 176	11 537	12 844	16 770	19 655	22 427	24 642	27 125
中国社保费收入（亿元）	6 789	8 485	10 604	14 313	14 610	19 556	23 697	27 022	30 039	32 518
企业所得税占税收比例（%）	20	19	21	19	18	19	20	20	21	22
企业所得税（税收+保费）（%）	17	16	17	16	15	15	16	16	17	17
OECD企业所得税占税收比例（%）	11	11	10	8	8	9	9	9	暂无	暂无

注：OECD将社保费作为税收，因此，对应中国社保费与税收收入求和，以保持分母一致，增加可比性。

资料来源：国家统计局官网、财政部、历年社会保险基金预算及OECD数据库。

在所得税的征收过程中，存在着征收方法不尽合理的情况，例如，对为数众多的中小企业，往往以并不反映实际利润变化的行业平均利润率作为“核定征收”的依据，类似于原有营业税的征收方式，容易导致企业税负过重，同时造成企业税负之间的不公平①。这就需要进一步规范企业所得税的征收方式，尽可能实际降低企业所得税税率，这样做显然更有利于实现企业所得税税制的公平和税负水平的下降。

4.6.3 “五险一金”缴纳比例有下降空间

自2011年实施《社会保险法》以来，以“五险一金”为代表的社会保险费收入呈现快速上涨态势，由2007年的8 000亿元升至2011年的1.9万亿元，再由2012年的2.3万亿元跃升至2015年的3.2万亿元。尽管自2015年至今，中央政府多次决定阶段性地降低“五险一金”缴费比例，但时至今日，仅失业保险等小险种费率略有下降，其余未见有较大幅度的调整。

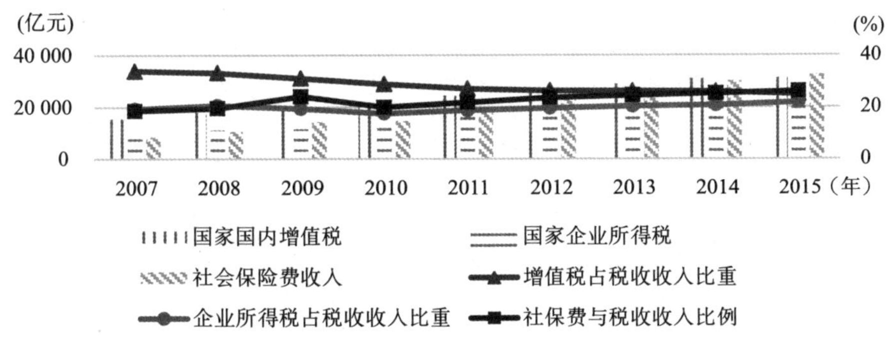

图4.6 2007—2015年我国增值税、企业所得税与社保费增长情况

资料来源：统计局官网及财政部网站。

2015年我国社保费收入首次超过第一大税——增值税收入，同时，在社保费费率设置上，我国与其他高收入国家及地区相比亦有明显差距。

以2015年中国与美国、浙江省与中国台湾地区在社会保险费缴费费率为例进行对比（见表4.7）。在社会保险负担方面，浙江省企业用工成本是中国

① 陈洁璟：《降低中小企业税负问题初探》，《武汉工程职业技术学院学报》，2011年第4期，第44—49页。

台湾地区的2.29倍，个人负担是中国台湾地区的2.39倍。中国台湾地区企业用工成本中，政府配套进行扶持，占比为1.469%。

在社保缴费对用工成本的影响方面，中国台湾地区因社保缴费率低（无论单位还是个人，缴费费率均如此），在同等条件下（应发工资相同），中国台湾地区职工收入（实发工资）高于浙江省，而中国台湾地区公司社保负担支出（社保配套缴费）则低于浙江省。中国与美国相对比，也是呈现出大体相似的情景。

表4.7　2015年中国与美国、浙江省与中国台湾地区社会保险费缴费比例对比

（1）2015年中国与美国社会保险缴费率对比			
地区/项目	单位	个人	政府
中国	40.7%	22.5% +4[①]	0
美国	7.65%	7.65%	0
对比结果 （单位及个人相除/政府相减）	5.32%	2.94%	0
（2）2015年浙江省与中国台湾地区社会保险缴费率对比			
地区/项目	单位	个人	政府
浙江省	40.7%	22.5% +4[②]	0
中国台湾地区	17.75%	9.407%	1.469%
对比结果 （单位及个人相除/政府相减）	2.293%	2.392%	1.469%

资料来源：参考各地区人力资源部门网站。

因此，就目前来说，较大幅度地降低社会保险乃至“五险一金”的缴费费率，从而减少企业总税费成本，促进企业利润和职工工资收入的增加，应当是从全局考虑有利于促进企业发展和激励市场消费的政策选项。

① “医疗保险”中的大病险统筹金4元，其中包括1元的自愿缴纳。

② 同上。

4.7 小 结

综上所述，对于“五险一金”影响下的企业税负，我们运用“死角损失”理论，切入税费负担分析，围绕“五险一金”所代表的社会保险制度，在宏观、微观企业两个层面展开论述，并分别从汲取性制度、“总税率”、销售毛利率与税利率之间互动关系等视角，彰显无论是“五险一金”影响下的宏观税负，抑或是微观企业税负，皆在一定程度上存在税负较重的问题。

据此，本章探究中国当前存在的税制结构问题，提出较为可行的政策建议。

第一，广义宏观税负的过重，凸显降低宏观税负的必要性；而降低宏观税负，关键在于降低占税收收入 90% 以上的企业税负，重点在于降低占税收过半的非公经济税费负担。而在宏观税负中，“五险一金”所构成的社会保险缴费收入，是其中的重要一环。

第二，在如何进一步降低企业税费负担方面，借助探究导致非公经济税费负担较重的主要因素，发现问题的根源在于增值税等流转税、企业所得税和“五险一金”等，进而通过国际税制结构及“五险一金”缴费费率的对比分析，揭示减税政策可行的降低空间，特别是“五险一金”的缴纳比例，仍有较大幅度降低的必要性、可能性及可行性。

第三，在减税政策落地的同时，还应注重改良税制，改善增值税、企业所得税及“五险一金”征税方式，进而涵养税源，减轻包括“五险一金”在内的制度遵从成本，尤其是“五险一金”的性价比，提高职工参保积极性，这将成为激发企业及职工活力的关键环节。

第四，在较大幅度减税及改良税制的过程中，改进当前以流转税为主的税制结构，减轻“五险一金”缴纳比例，同时提高企业利润及职工可支配收入，推进以个人及家庭财产、个人所得征税的直接税改革，逐步实现降低间接税比重、提高直接税比重的既定方针。

第五，直接税的推进及改良，离不开现代财政制度的建构，包括预算透明、权力制衡与监督、央地关系调整等配套建设，围绕纳税人权利的保障，更加充分地发挥财政在国家治理中的基础和重要支柱作用。具体到“五险一金”来说，主要包括社会保险基金的透明及公开，“五险一金”缴纳比例调整及决定程序的法治民主化，围绕“五险一金”央地关系的合理划分，且不阻碍包括劳动力、资本等市场要素的跨区域流动，逐步完善以“五险一金”为代表的现代社会保险制度。

总之，“五险一金”影响下的企业税负，无论在宏观上，还是微观上，均有较强的传导性。考虑到微观、宏观税负测算方式分歧较大，导致对税负轻重的判断上观点各异，但是，将“五险一金”切入企业及宏观领域，较为明确地提出“五险一金”是税费负担的重要构成，这将有助于对税负概念的理解及相关共识的形成。

第 5 章 “五险一金”影响下的工资税负测算研究

工资税负，简而言之，便是职工在得到实发工资前所付出的“五险一金”及个税之和占可支配收入的比重。因此，“五险一金”可被视为影响工资税负的重要因素，进而影响着职工可支配收入的多寡，从而对市场需求造成影响，并波及以企业为代表的市场供给方。

首先，从工资个税的分析入手，我们发现，由于个税超额累进税率及企业作为扣缴义务人的设计，导致工薪个税缴纳遵从度较低。其次，将工资税负作为研究对象，我们以某生产制造企业工资明细为例，在合规缴纳的情况下，计算出“五险一金”及个税缴纳占工资的比重。最后，实证测算工资总额（含津贴、绩效及基本工资）、“五险一金”及工资税负之间的关系。

5.1 背景：工薪个税覆盖率过低

对于每一位城市职工来说，每月的工资是其必然关注的事情。以较为典型的两类企业缴纳方式为例：第一类仅显示个人工资中由公司代扣代缴的“社会保险费”以及“住房公积金”，其余配套缴纳的“五险一金”均未标明；第二类，显示职工基本工资、绩效工资、津贴以及公司代扣代缴的“社会保险”“住房公积金”以及个人所得税，同时企业配套缴纳的“五险一金”历历在目，一一明晰。

尤其对后者，粗算一下，每月的“实发工资”与企业配套及代扣代缴的“五险一金”支出大体相等，可以解释为每个月所拿到的工资略大于或几乎等于公司配套及代扣代缴的个人“五险一金”支出之和。

我们不得不思考：不同省份、不同企业为职工所缴纳的“五险一金”及个人所得税，为何形式差异较大，到底是什么原因？难道是在隐藏什么吗？企业用工成本中，有多大比例为政府所占用，即职工的“工资税负”到底如何？带着对这些问题的思考，本章展开对“工资税负”的分析。

“五险一金”缴纳形式多种多样，或许导致了人们对此的陌生。但对于个人所得税，一直以来，尤其是改革这方面的讨论可谓众说纷纭。比如，以家庭为单位的申报；比如，以分类或综合模式的计征；比如，费用扣除项的列举；比如，免征额的提高与否；再比如，累计税率的调整；等等。但是，对改革走向的研读均宜基于对现实状况的清晰认知，厘清可能影响未来走势的真实问题，对这些问题及相关影响因素的分析乃至解决，才有可能助力未来的改革实践。否则，极易陷入科斯所批评的“黑板经济学”，如空中楼阁般，华而不实。对于个人所得税这一问题的把脉及诊断亦然。

尽管历年个税中工薪缴费人数没有官方数据，但根据零星的报道，还是能够管中窥豹。2015 年，贾康认为个税已经边缘化，不适合再提高起征点[①]（高培勇，2017[②]），其原因在于工薪缴纳个税人数只有 2 800 万人，占总人数不到 2%；2017 年，有类似文章认为，个税工薪族纳税人数仅占整个工薪收入人群的 8%，占总人口的 2% 左右[③]。

上述数字反映的基本现状是，中国当前近 8 亿人的就业人口中，仅有不到 3 000 万人的工薪阶层缴纳个税，同样可以理解为，以工薪为收入来源的就业人口中，约有 96. 25% 的人群，其月工资收入低于 3 500 元，即低于当前个税的起征点。

联系到中国普遍上涨的房租、交通、通信、餐饮等各项生活必需品支出成本，“95% 以上的工薪就业人口月收入低于 3 500 元”这一推论不由让人生怀疑。

首先，高校毕业生作为市场新增就业人数的重要生力军，自 2009 年增加

① 贾康：“目前仅 2 800 万人交个税，再提高起征点还剩多少人”，http：//finance. ifeng. com/a/20150309/13539320_ 0. shtml，2015 年 3 月 9 日。

② 高培勇：“中低收入者减税要减间接税，个税起征点不应提高”，http：//finance. qq. com/original/caijingzhiku/gaopeiyong0122. html，2017 年 2 月 5 日。

③ 梁发芾：“要让个税在中国税种中唱主角不现实且无可能”，http：//finance. sina. com. cn/roll/2017 - 04 - 01/doc - ifycwyns4082031. shtml，2017 年 4 月 1 日。

至611万人，直至2016年达到765万人。调查显示，2016届大学毕业生毕业半年后月收入已达到3 988元[①]，已超过3 500元个税起征点，但是，这一持续规模的补充劳动力且高于个税起征点的工薪人口，并未导致个税工薪阶层的缴纳人数显著增加。

其次，工薪收入在扣除个税之前，“五险一金”作为个税的税前扣除项，其缴费人数[②]的增加，也在一定程度上代表着个税的新增人数。如2016年参加城镇职工基本养老保险人数比上年末增加2 501万人[③]，这基本涵盖同期新增高校毕业生的765万人[④]，还可以看出，这2 000多万人的新增量，相当于当年的工薪个税缴纳人口，但同样并未引起同期工薪阶层缴纳个税人数的显著增加。

最后，联系到1978—2016年中国人均GDP及其增速（见图5.1），人均GDP呈现大幅增长，尽管人均GDP增速有较大起伏，但基本在5%以上浮动，理应反映职工工资的快速增长，超过3 500元/月个税起征点（免征额）的人群较大规模地增加，但是，实际工薪阶层个税缴纳人数并未显著增加。

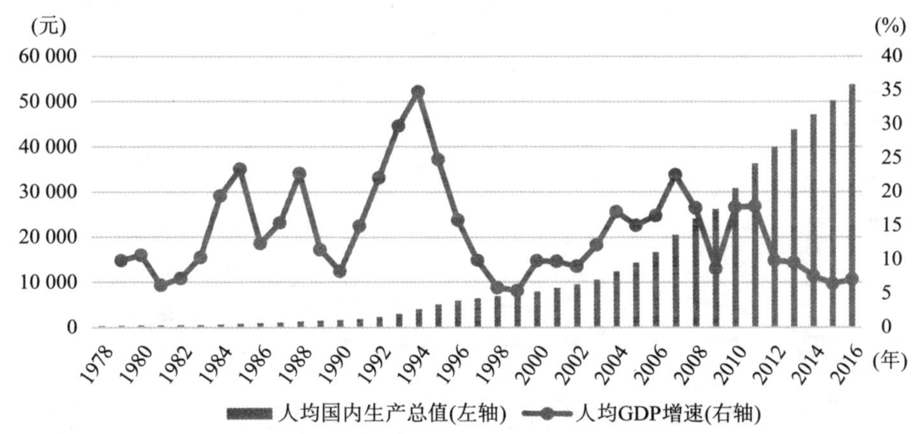

图 5.1 1978—2016 年我国人均 GDP 及增速

资料来源：根据统计局数据库整理。

① 摘自麦肯锡研究院《2017年中国大学生就业报告》；另外，人力资源社会保障部劳动工资研究所“大学毕业生起点薪酬”研究报告显示，2015年应届毕业生总体实际签约月薪平均值为4 793元，2016年期望月薪平均值已达4 985元。

② 仅有参保人数。

③ 数据参考：http：//www. stats. gov. cn/tjsj/sjjd/201702/t20170228_ 1467357. html。

④ 前提是毕业生所在企业或单位如实足额缴纳。

那么，究竟是什么原因导致实际月平均工资已在 3 500 元以上即达到个税起征点，但工薪阶层缴纳个税人数却如此之少呢？

对于这一问题的分析，离不开以间接税为主体的中国当前税制结构，95%以上的税收由企业缴纳，个人所得税即使作为直接税，但对于工薪阶层来说，企业承担着代扣代缴责任①。因此，对于上述问题的分析，须要聚焦企业类型这一市场主体。具体来说，就业人口所隶属的个税扣缴义务人中，除国有单位包括机关事业单位类型②外，基本为私营企业及个体工商户。

作为个体工商户来说，尽管当前个税收入的十一种分类中，有一类是有关个体工商户的生产经营所得，但是，对于个体工商户从业人员（雇用职工）来说，依照个人所得税税法规定，对属于个税收入的十一种分类中的工薪收入所得，个体工商户户主扮演扣缴义务人的角色。

对于中国绝大多数的个体工商户来说，由于其吸纳了 1.1 亿人（见图 5.2）的就业人口，同时考虑到个体工商户的征税难度较大且成本较高，对于其从业人员的工资收入征缴个人所得税，更是难上加难，因此这一部分人群即使月工薪收入超过 3 500 元，在现实中，并没有相当数量的人群依规缴纳个人所得税。

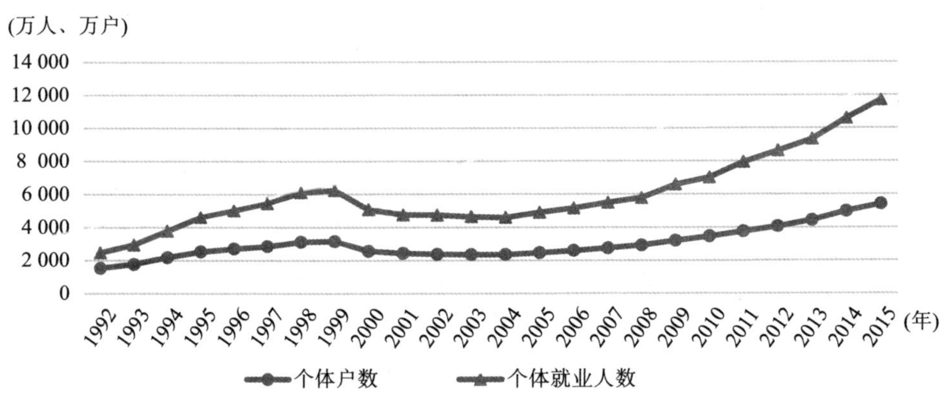

图 5.2 1992—2015 年我国个体工商户及其就业人员

资料来源：根据统计局数据库整理。

① 《个人所得税法》第八条规定：“个人所得税，以所得人为纳税义务人，以支付所得的单位或者个人为扣缴义务人。”

② 国有企业包括机关事业单位，没有逃漏税动机，暂不考虑个税的流失情况。

另外，私营企业作为个人所得税的扣缴义务人，在支付职工应发工资时，除考虑个税成本外，还须承担税前扣除的“五险一金”，两者综合名义税率，较大幅度减少职工实发工资，同时加重企业税费负担，导致双方纳税遵从积极性均不高。另外，对企业来说，还须支付以工资总额作为计税依据的残保金①、工会经费②、增值税③等费用，这也是中国劳动力成本上涨迅速的重要原因，但是，职工可支配收入并未因此同步增加。

当前，个税实行七级超额累进税率，职工“工资税负”均在 22% 以上，且各累进级距起点税负大体呈现依次上升态势，再考虑到公司额外配套缴纳的“五险一金”支出，且配套份额远大于职工缴纳“五险一金”成本④，影响企业投资回报率及职工个人可支配收入，进而对企业投资及职工消费造成不可忽视的抑制作用。

据此我们认为，造成当前工薪个税税源大规模流失的原因在于，附加在职工工资上的各类税费过重，加之政府收支预算不透明、社会保障制度对职工及企业“性价比”不高，导致工薪阶层个税的纳税遵从度不高，这与诸多学者所持有的工薪阶层代扣代缴很难逃税的观点迥异。另外，部分企业作为个税扣缴义务人，其纳税遵从度不高，由于规则执行尺度的不一致⑤对于规模企业尤其私营业主中的规范扣缴者造成的不公平问题，亦值得关注。

5.2 工资税负的定义

5.2.1 与工资相关的概念

“实发工资”，即城市职工每月实际领取到的收入金额，也就是可支配收

---

① 《残疾人就业保障金管理暂行规定》按上年用人单位安排残疾人就业未达到规定比例的差额人数和本单位在职职工平均工资之积计算缴纳。

② 《中华人民共和国工会法》规定，按照全部职工工资总额的 2% 向工会拨交经费。

③ 增值税以企业增加值为征税依据，增加值的范围包括利润、职工工资等项。

④ 以杭州 2016 年为例，公司缴费费率为 40.7%，职工缴费费率为（22.5% +4），前者接近后者的2 倍。

⑤ 从 2016 年开始，中国企业社保合规的压力增大，2019 年，基数合规的企业比例继续下降，社保缴费基数完全合规的企业仅占 24.1%，这意味着，75.9% 的企业未按照职工工资实际核定缴费基数，其中 22.9% 的企业统一按最低缴费基数缴纳。

入，成为每个城市职工衣、食、住、行等各项生活必需费用的支出来源。当然，实发工资必须是在“工资总额”的基础之上扣除“五险一金”以及“个税”之后才能获得的收入。

“工资总额”是基本工资附加绩效、津贴等的收入总额。“五险一金”便是在工资总额的基础上，乘以当地政府同期规定的“五险一金”各自缴费比例，得出的社会保险附加住房公积金的支出金额。

“个税”，即个人所得税，是在“工资总额”的基础上，扣除“五险一金”支出后，减去免征额3 500元，乘以相应的税率并减去速扣数得到的金额。

5.2.2 与税负相关的“五险一金”

“税负”指政府为纳税人提供公共产品及服务向纳税人收取的“税”及“赋”，在纳税人所创造的成果中占据一定的比重。这一比值的高低，可以是一种心理感知，也可以是由货币表示的具体数值。

在城市职工即纳税人每月的工资中，除了“个人所得税”（企业代扣代缴）是显而易见的政府税收收入，“五险一金”作为个税的税前扣除项，亦应算作城市职工的“工资税负”的重要组成部分。具体说来，不仅企业所代扣代缴的“五险一金”作为工资税负，而且企业配套缴纳的“五险一金”也是工资税负的影响因素。

“五险一金”无论是企业为职工代扣代缴的收入，还是企业配套缴纳的成本支出，都是城市职工将工资可支配收入中的一部分让渡，以“五险一金”的形式，通过所在雇用企业的代扣代缴以及企业的配套缴纳，缴纳给公共部门——社会保险部门（或代征部门——税务部门）以及住房公积金管理部门，在市场经济环境中，以平等交换的方式，获得城市职工必需的公共产品及服务——养老、住房、医疗、工伤、生育、失业等方面的保障。

无论是“五险一金”的资金流向——从城市职工通过企业代扣代缴以及配套缴纳到政府公共服务部门这一取得收入归宿划分，还是以“五险一金”的交换实质让渡城市职工的可支配收入的一部分，以期公平换取在城市居住时所必需的养老、医疗、住房等公共产品，无论从哪个视角看，“五险一金”都具备了“税”的性质。

在“五险一金”的实际缴纳中，个人需要按照当地政府规定的“五险一金”相应比例进行缴纳，但具体实现形式是企业的代扣代缴。在企业的核算中，“五险一金”是作为职工个人的工资总额收入的一部分，即让渡的职工个人可支配收入的一部分。同时，企业需要按照当地政府规定，在职工个人缴纳的基础上配套缴纳，甚至是单独承担（如工伤保险、生育保险）。由企业配套缴纳的“五险一金”，从企业角度来讲，是企业经营的成本支出，具体体现在雇员员工的成本支出，每雇用一个职工，都需要配套缴纳该份成本给政府公共服务部门——住房公积金管理中心及社保保障机构。

从企业家视角来看，在企业生产经营过程中，每雇用一名劳动者，即每创造一个就业岗位，在支付劳动者工资时，企业必须遵守制度性规定所付出的费用的确是一份负担，其加重了企业的税费成本。

从职工个人角度来讲，是企业按照政府规定，以“五险一金”的形式给予个人“名义工资”的一部分，只不过这份名义工资从来没有作为职工“工资总额”的一部分，更不会成为职工可支配收入的一部分，但确实作为企业的实际成本支出了，受益的对象也是职工个人。因此，企业配套缴纳的“五险一金”可以算作职工名义工资的一部分，包含在职工个人工资之中，也可作为企业用工成本的重要组成。

因此，对于城市职工“工资税负”的界定，笔者以为，至少在本书的衡量中，不仅仅将“个税”算作名义“工资税负”，而且将“五险一金”这一隐形税收支出算作实质“工资税负”，并在下文的实际计算中采取实质“工资税负”的方式，即实质“工资税负”的分子包括个税以及“五险一金”的总和。

同样，实质“工资税负”的分母，应该是企业雇用员工所支出的成本，不仅仅包括“工资总额”，而且包括企业配套给职工的“五险一金”支出，即实质“工资税负”等于：

（“个税” + “五险一金”①）/（“应发工资”② + “五险一金”的公司配套支出） (5.1)

① 这里的“五险一金”不仅包括公司为个人代扣代缴，也包括公司配套缴纳的。

② 应发工资 = 工资总额 + 津贴收入。

5.3 解析工资税负——以Z省企业N为例

5.3.1 投保比例

首先明确，有关企业N“五险一金”的缴纳基数是工资总额，进而查询相关参保费率，可以确定“五险一金”的实际缴纳成本。

按照Z省各类社会保险法规及住房公积金法规，整理该生产制造企业所采用的“五险一金”投保比例（见表5.1）。

表5.1 “五险一金”缴纳比例

基数	险种	单位比例	个人比例
工资收入	养老	14%	8%
	医疗	11.5%	2%
	失业	1.5%	0.5%
	工伤	0.5%	0
	生育	1.2%	0
	“一金”①	12%	12%
合计		40.7%	22.5% +4②

资料来源：依据2015年Z省社保及住房公积金官网政策整理。

5.3.2 工资明细——以某管培生为例

（1）应发工资。考虑到该“管培生”以硕士学历入职，“工资总额”定为8 050元/月。前6个月为试用期，“工资总额”中的“基本工资”为5 635元/月，按照试用期工资80%发放，即4 508元/月。绩效工资、津贴工资按实额发放，分别为100%绩效（前3个月为保护期，免于绩效评定），即2 415元/

① “一金”指住房公积金。

② “医疗保险”中的大病险统筹金4元，其中包括1元的自愿缴纳。

月，津贴为饭费补贴每天12元，共计216元。

因此，该“管培生”首月“应发工资”：

“基本工资80%”+绩效工资+津贴=7 139元 (5.2)

(2) 个人“五险一金”。公司代扣代缴的个人“五险一金”，见表5.2。

表5.2 个人支付“五险一金”实际金额

基数	险种	单位比例	个人比例	个人缴纳金额（元）
工资总额（8 050元）	养老	14%	8%	644
	医疗	11.5%	2%+4	165
	失业	1.5%	0.5%	40.25
	工伤	0.5%	0	0
	生育	1.2%	0	0
	“一金”[①]	12%	12%	966
合计		40.7%	22.5%+4	1 814.25[②]

资料来源：依据Z省社保及住房公积金官网最新政策整理。

公司有义务为职工代扣代缴“五险一金”，所支付的“五险一金”中的养老、医疗、失业等“三险”以及住房公积金一项，各自对应的金额分别为644元、165元、40.25元、966元。

(3) 个人所得税。

(“应发工资”-“五险一金”[③]-3 500)×税率-速扣数

=(7 139-1814.25-3 500)×税率-速扣数

=1 824.75[④]×税率-速扣数

=1 824.75×10%-105

=77.475 (元)

≈77.48 (元) (5.3)

(4) 公司配套。公司配套缴纳的“五险一金”，见表5.3。

---

① “一金”指住房公积金。

② “五险一金”补扣金额。

③ 该部分指公司代扣代缴的“五险一金”。

④ 按照《中华人民共和国个人所得税法》(2011年9月1日施行)，选用税率为10%，速扣数为105元。

表 5.3　　公司支付的“五险一金”实际金额

基数	险种	单位比例	个人比例	公司缴纳金额（元）
工资总额（8 050 元）	养老	14%	8%	1 127
	医疗	11.5%	2% +4	925.75
	失业	1.5%	0.5%	120.75
	工伤	0.5%	0	40.25
	生育	1.2%	0	96.6
	“一金”①	12%	12%	966
合计		40.7%	22.5% +4	3 276.4②

资料来源：依据 Z 省社保及住房公积金官网最新政策整理。

公司需要配套支付的“五险一金”（养老、医疗、失业、工伤、生育以及住房公积金），依次为 1 127 元、925.75 元、120.75 元、40.25 元、96.6 元和 966 元。

（5）“名义工资”。名义工资近似于公司每雇用一个职工实际所支付的成本，即应发工资（工资总额 + 津贴收入 + 公司代扣代缴的“五险一金”） + 公司为职工配套支出的“五险一金”。

名义工资 = 应发工资 + “五险一金”的公司配套支出

= 7 139 + 3 276.4

= 10 415.4（元）　　（5.4）

（6）实际“工资税负”。

（“个税” + “五险一金”③）/（“应发工资”④ + “五险一金”的公司配套支出）

= （77.48 + 1 814.25 + 3 276.4）/10 415.4

= 0.4962

≈ 50%　　（5.5）

（7）其他视角。职工在当前“五险一金”及个人所得税的制度下，每个月实际收到的“实发工资”为“应发工资”减去“五险一金”公司代扣代缴

① “一金”指住房公积金。

② 实际精确为 3 276.35 元，表格中为约等于。

③ 这里的“五险一金”不仅包括公司为个人代扣代缴，也包括公司配套缴纳的部分。

④ 应发工资 = 工资总额 + 津贴收入。

部分，另外，还须再减去个人所得税支出。

实发工资 = 应发工资 - “五险一金”（公司代扣代缴） - 个税支出

= 7 139 - 1 814.25 - 77.48

= 5 247.27（元） (5.6)

因此，通过衡量两个个体之间的钱数分配，即在职工个人与公共部门之间的金额划分，可以比较得出：

（“个税” + “五险一金”①）/“实发工资”

= （77.48 + 1 814.25 + 3 276.4）/5 247.27

= 99% (5.7)

在“实发工资”与“工资总额”中，如果以职工个人工资构成来看，其中，公司为职工个人配套缴纳的“五险一金”支出，不属于分母“实发工资”与“工资总额”的构成范围。

因此，如果以子集与母集的包含、被包含关系来讲，可以修订为：

[“个税” + “五险一金”（仅指公司代扣代缴）]/实发工资

= （77.48 + 1 814.25）/5 247.27

= 36% (5.8)

[“个税” + “五险一金”（仅指公司代扣代缴）]/工资总额

= （77.48 + 1 814.25）/8 050

= 23.5% (5.9)

5.4 实证测算

设工资总额（基本工资 + 绩效工资）为 X，实际“工资税负”为 Y，津贴为 A，适用的个人所得税税率为 r，对应的速扣数为 b，那么，实际“工资税负”可以表示为：

实际“工资税负”

---

① 这里的“五险一金”不仅包括公司为个人代扣代缴的部分，也包括公司配套缴纳的部分。

= （“个税” + “五险一金”[1]）/（“应发工资”[2] + “五险一金”的公司配套支出）

其中：

$$“五险一金”（公司代扣代缴）=22.5\%X+4 \quad (5.10)$$

$$“五险一金”（公司配套缴纳）=40.7\%X \quad (5.11)$$

$$“五险一金”（总额）=63.2\%X+4 \quad (5.12)$$

$$个人所得税 = (X+A-22.5\%X-4-3\ 500)r-b \quad (5.13)$$

因此：

$$工资总额 + “五险一金”（公司配套缴纳）=X+A+40.7\%X \quad (5.14)$$

综上：

$$Y = [(X+A-22.5\%X-4-3\ 500)r-b+63.2\%X+4]/(X+A+40.7\%X) \quad (5.15)$$

（1）当“A=0”。诸多企业考虑到减少公司配套缴纳的“五险一金”支出，便对A（津贴）进行税收筹划，尽量减少X，以便减少“五险一金”的缴费基数，同时，增加A（津贴）的比重。

对于职工来说，每月拿到的工资并没有很大变化，但对于企业来说，由于X减少，节省了“五险一金”的成本支出。

因此，在这里，先考虑当“A=0”时的合法合规情况，如下：

$$Y = [(X-22.5\%X-3\ 504)r-b+62.3\%X+4]/140.7\%X$$

$$= [62.3\%X+77.5\%Xr-3\ 504r+b-4)]/140.7\%X$$

$$=44.28\%+55.08\%r-3\ 504r+b-4)/140.7\%X \quad (5.16)$$

由此可知，工资税负Y的提升，与工资总额X呈正比例关系，即工资总额越高，工资税负越高；同时，工资税负Y与速扣数b呈现反比例关系，即速扣数越大，工资税负会略微下降。

但是，工资税负Y与个税税率r之间的关系尚不明晰，需要进一步探讨。

根据中国《个人所得税法》（2011年9月后实行）的规定，以工资累进税制为例，分别确定r与b的数额，从而考察Y与X的实际变化区间及相应关系。详见表5.4。

---

① 这里的“五险一金”不仅包括公司为个人代扣代缴的部分，也包括公司配套缴纳的部分。

② 应发工资=工资总额+津贴收入。

表 5.4　　中国当前“工资税负”计算

月应纳税额（含税） （X－22.5%X－3 504）	税率	速扣除数	工资总额 X 浮动区间	五险一金（m1） X22.5% +4	工资税负（Y） 浮动区间
月应纳税额不超过 1 500 元的	3%	0	4 521.29＜X≤6 456.77	1 021.29＜m1≤1 456.77	22.59%—23.30%
月应纳税额超过 1 500 元至 4 500 元	10%	105	6 456.77＜X≤10 327.74	1 456.77＜m1≤2 327.74	23.25%—25.87%
月应纳税额超过 4 500 元至 9 000 元	20%	555	10 327.74＜X＜12 930 12 930＜X≤15 413.25	2 327.74＜m1≤2 913.25 2 913.25	25.87%—28.31%
月应纳税额超过 9 000 元至 35 000 元	25%	1 005	15 413＜X≤41 413	2 913.25	26.97%—25.73%
月应纳税额超过 35 000 元至 55 000 元	30%	2 755	41 413＜X≤61 413.25	2 913.25	25.73%—27.12%
月应纳税额超过 55 000 元至 80 000 元	35%	5 505	61 413＜X≤86 413.25	2 913.25	27.12%—29.40%
月应纳税所得额超过 80 000 元的	45%	13 505	X＞86 413.25	2 913.25	29.40%—

注：1. 采用“含税级距”，见附件一《国家税务总局关于贯彻执行修改后的个人所得税法有关问题的公告》（国家税务总局公告 2011 年第 46 号）；

2. 本表采用“五险一金”缴费基数上限为 2016 年 Z 省社平年工资为 51 719 元；即月均工资为 4 309.02元，社保缴费基数上限为 12 930 元；本表中住房公积金缴费比例上限视同为社保上限。

（2）当“A≠0”。

即工资税负为：

$$Y = [(X + A - 22.5\% X - 4 - 3\ 500)\ r - b + 63.2\% X + 4] / (X + A + 40.7\% X) \qquad (5.17)$$

当 A（津贴）变大时，分子、分母同时按不同比例（分子有个税税率 r 的参与）变大，因此其结果并不确定，但考虑到 A（津贴）在工资收入中的占比不大，可以认为对 Y 的影响较小，所以在这里忽略不计。

5.5 小结

本章从职工工薪个税中的税基流失入手，将其作为个税改革的现实立足点，经分析后发现，企业是职工个税的扣缴义务人，但以劳动者报酬为税基的个税超额累计税率以及“五险一金”、残保金、增值税等税费负担，导致企业在个税方面的制度遵从度不高，采用虚报职工人数以及低报职工工资等方式，逃避个税以及“五险一金”负担，这是导致当前工薪个税覆盖率较低的基本原因，也是当前及未来个税及“五险一金”相关改革不可忽视的起点。

接着，本章对职工工资税负进行定义，以规范缴纳企业的职工工资税负为例进行工资税负的实际测算，并实证测算出职工工资总额、补贴金额以及职工工资税负之间的变动关系，从而得出以下结论：

（1）政府参与工资的分配比例。站在企业经营角度来看，每雇用一个职工，每个月除支付其工资外，还要缴纳“五险一金”支出。因此，“名义工资”显然比“实发工资”“应发工资”以及“工资总额”偏大。尽管“名义工资”作为分母已经偏大，对于“工资税负”的影响应该会减小，至少得数会变得相对较小。但实际上，政府收取“五险一金”以及“个税”收入后，工资税负负担比重将最低维持在44.34%以上，直至最高的55.45%以上。也就是说，企业支付员工的“成本工资”中，有一半以上都作为“税赋”的形式，缴纳给了政府公共部门即住房公积金管理部门、税务部门以及社会保险部门。

（2）随着收入增长的分配趋势。从表5.4中可以看出，“工资税负”随着个人所得税的累进税率呈现阶梯形递进趋势。

从第一级的22.59%递进至第二级的23.25%，从第三级的25.87%递进至第四级的26.97%，从第五级的25.73%递进到第六级的27.12%，直至最高第七级的29.40%，并且税负比例依然向上增长的趋势不变。

在最高的累进税制（全月所应纳税额超过80 000元）中，即“月工资总额”达到8.6万元以上，其“工资税负”比例为29.40%以上。也就是说，企业支出的员工“工资成本”[①] 中，有 29.40% 需要缴纳给政府的公共部门，而只有不到 70.60% 的“实发工资”留存在职工手中。特别值得一提的是，在 8 万元以上的更高收入中，这一比例（“实发工资”占“工资成本”）将更小，即职工所得占比较小。

综上所述，职工工资税负愈加成为社会的热点。2018 年，“两会”报告进一步提出个人所得税方面的改革，其中特别强调了提高个税起征点即免征额，进而实现减轻职工工资税负的政策目的。

另外，在大幅降低企业非税负担方面，也提出要阶段性地减轻“五险一金”缴费负担，即降低“五险一金”缴费费率，进而不仅可以减轻企业成本负担，同时降低职工工资税负，协力提高职工个人可支配收入，以期带动市场供求双方交易参与活跃度。

① 在某种程度上，“工资成本”近似于“名义工资”，各自所站的角度不同，一个是企业经营成本角度，另一个是职工个人角度。

第6章 “五险一金”的侵害效应研究

科斯在《社会成本问题》一文中以牛和谷物为例，阐释在经济社会中作为邻居的养牛者与农夫在发生利益损害的问题时，如何从成本角度探索市场外部性的解决方式。

概括地说，养牛者的牛多了，必然造成邻居农夫的谷物损失增加，即作为养牛者需要对农夫的损失进行赔偿，也就是说，增加的牛需要额外付出成本。同时，该赔偿的成本不应大于所增加的养牛收益，对于养牛者来说，才算有利可图。对于农夫来说，谷物的损失低于养牛者对农夫的赔偿金额，如此农夫才可接受这样的赔偿方案，这便是交易成本的诞生，也是科斯定理的具体应用。

本章便关注“五险一金”作为制度运行对私人消费（个人）及私人投资（企业）的侵害影响，尤其聚焦在成本角度，认为“五险一金”的征收减少了私人可支配收入，即减少私人需求。与此同时，“五险一金”的征收增加了企业投资的用工成本，加之因私人需求的萎缩，致使原有市场需求发生制度性扭曲，导致投资回报率的下降。

6.1 “牛”与“谷物”模型

可以将上述科斯的案例分析中养牛者的牛与农夫的谷物发生损害时的处理方式，用作公共产品的“五险一金”与作为私人产品——消费及投资发生损害时的处理方式。如同牛的增加会造成谷物更多的损失一般，“五险一金”征收收入的增加，同样也会造成“私人消费”与“私人投资”的损失，那么，作为落实社会保障权这一权利的以“五险一金”为代表的社会保险制度，其

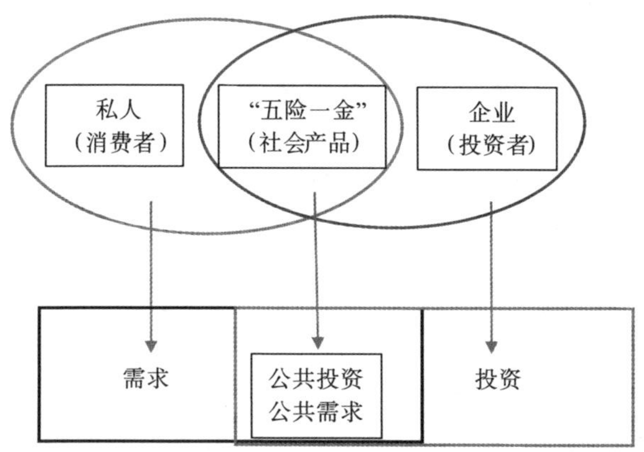

图 6.1　“五险一金”与私人投资及私人消费之间的关系

产生的社会收益只有在大于其所造成的社会成本时，该制度才有持续运行的可能。

由此，“五险一金”的社会成本分析可以从两方面考量：一方面，个体负担者（职工及企业）承担的“五险一金”成本只有小于未来在养老、医疗等保险发生时所获得的收益，对个体负担者来说，缴纳“五险一金”才有激励作用。另一方面，“五险一金”制度的当下受益者领取医疗、养老、生育、失业、工伤、住房保险等待遇是否大于“五险一金”制度运行所造成的社会成本，这也是本章探析的重点所在。应用科斯的“交易成本”理论，正是考虑到“五险一金”相关制度对社会尤其是私人消费及私人投资的影响。

6.2　“五险一金”对私人投资及消费影响的一个实例

企业家投资首要是为了盈利，实现可持续的“自利”，即开源与节流。开源指产品以质量在市场竞争中所产生的营业收入。节流方面，便是指节约成本，来自管理、财务以及用工的精简等。本节便是讨论日益增长的用工成本及其所含的“五险一金”的成本占比。

6.2.1 职工“五险一金”工资负担

假设某单位职工平均有1万元的“应发工资”，本节以个人缴纳20%、单位配套缴纳40%的“五险一金”为例，说明“五险一金”对“实发工资”及“用工成本”的影响。

以1万元/月的“应发工资”为例，假设没有“五险一金”的楔入影响，企业用工成本则全部转化为实发工资，即14 000元，这意味着职工可支配收入增加6 000元，进而带动更多的私人消费，引发更大的市场投资需求，以激励企业扩大再生产，实现经济社会的良性循环。但是，为了满足可能发生的社会养老、医疗等需求，建立“五险一金”相关制度，按当前的缴费费率，政府分别从企业及职工处强制转移成本4 000元、2 000元，即直观上不仅个人付出2 000元，而且企业也付出4 000元（详见表6.1）。

表6.1 “五险一金”对“职工实发工资”及“企业用工成本”的影响

<table>
<tr><td rowspan="3">企业
用工成本
（14 000元）</td><td rowspan="2">应发工资
（10 000元）</td><td>职工实发工资（8 000元）</td></tr>
<tr><td>个人缴纳“五险一金”（2 000元）</td></tr>
<tr><td colspan="2">单位“五险一金”（4 000元）</td></tr>
<tr><td colspan="2">“五险一金”合计</td><td>6 000元</td></tr>
<tr><td colspan="2">职工“实发工资”</td><td>8 000元</td></tr>
<tr><td colspan="2">企业“用工成本”</td><td>14 000元</td></tr>
</table>

注：以Z省H市2015年缴纳费率为例，单位配套缴纳为40.7%，个人缴纳为22.5%+4①。

6.2.2 企业“五险一金”成本支出

从企业N薪酬部负责人处了解到，自2008年开始，企业健全职工社会保险及住房公积金——严格按照当地（Z省H市）社保管理部门规定，依据工资总额及其对应的“五险一金”缴费比例如实缴纳，图6.2即为企业N至2015年的缴纳情况。

① “医疗保险”中的大病保险统筹金4元，其中包括1元的自愿缴纳费用。

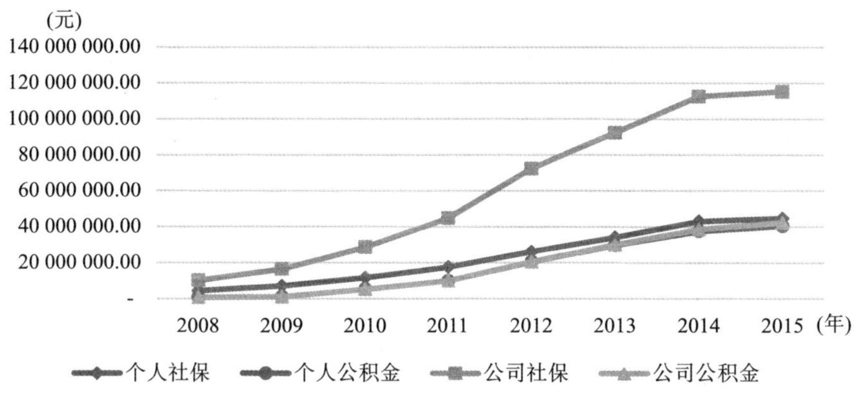

图 6.2　2008—2015 年企业 N 及个人缴纳“五险一金”支出

资料来源：根据企业 N 财务数据整理。

从时间上纵向查看，企业为个人代扣代缴的“五险一金”支出，无论是在首尾对比还是年均增长中，都远超工资收入（含实发及应发）增长；同时，个人所得税增长幅度也超过工资增长收入（含实发及应发），参见表 6.2，企业及个人“五险一金”支出尤其是企业负担的“五险”支出，在 2009—2015 年急速上涨。

表 6.2　Z 省 H 市“五险一金”政策下企业及个人的工资名义税率

年份/项目	企业工资名义税负	个人工资名义税率	总体工资名义税率
2009	41%	23%	64%
2010	40%	23%	63%
2011	40%	23%	63%
2012	40.8%	23%	63.8%
2013	41.2%	23%	64.2%
2014	41.2%	23%	64.2%
2015	40.7%	22.5% +4	63.2% +4

资料来源：根据 Z 省 H 市“五险一金”缴纳比例整理。

6.2.3　历年用工成本变化

从表 6.2 可知，仅以 Z 省 H 市为例，2009—2015 年，总体工资名义税率保持在 63%—64.2%，这意味着，企业每雇用一个劳动力，合规缴纳的条件下，其负担的成本中有60%以上被以“五险一金”名义征收或强制储蓄，而只有不足40%的成本为员工的实发工资，但是这一实发工资仅指尚未扣除个人所得税的税前工资。显然，这种情况不利于就业岗位的创造，因为企业所承受的“五险一金”负担过重；与此同时，也将抑制职工工资收入的增长。

表面上，劳动合同约定的较高的“应发工资”，由于“五险一金”的税前扣除以及个税扣缴，使职工实际收入将由此缩小。考虑到企业全员职工并非全部依据H市规定缴纳“五险一金”，而是选择工作属地缴纳“五险一金”，因此从成本支出角度分别计算，结果见表6.3。不难发现，企业N的工资支出中，个人及公司缴纳的“五险一金”占“应发工资”的比重虽然没有H市所规定的60%，但也呈不断上升趋势。近8年时间，这一数值上涨了近一倍，在个人及公司缴纳的“五险一金”占“实发工资”比重中，在近3年接近40%。

表6.3 2008—2015年个人及企业N“五险一金”总支出与工资成本占比

年度	个人及企业“五险一金”/实发工资	个人及企业“五险一金”/应发工资	个人“五险一金”/应发工资	企业“五险一金”/应发工资	个人及企业“五险一金”/用工成本
2008	22%	19%	6%	13%	17%
2009	18%	16%	5%	11%	14%
2010	21%	19%	6%	12%	16%
2011	30%	26%	9%	17%	22%
2012	36%	31%	10%	21%	26%
2013	41%	35%	12%	23%	28%
2014	40%	32%	11%	21%	26%
2015	41%	37%	13%	24%	30%

资料来源：根据企业N相关数据整理。

6.3 GDP三部门理论

“五险一金”对企业与职工及居民当期收入有直接影响，进而左右着消费与投资，从而对当期GDP及其增速产生一定程度的影响。我们采用GDP支出核算法，通过总量及微观分析法来分析这一传导路径。

6.3.1 总量分析法

引入GDP支出法核算公式：

$$GDP = C + I + G \tag{6.1}$$

其中，在公式（6.1）中，C为消费，I为投资，G为政府支出，且满足以下假设：

第一，在没有外贸的情况下，不考虑进出口的顺差或逆差；

第二，C均体现为私人消费，即不考虑政府消费；

第三，I均体现为私人（民间）投资，即不考虑政府及其附属国有企业投资；

第四，G是由包括“五险一金”在内的税收收入所决定的政府支出；

第五，在一定时期内，GDP为定值，且没有政府债务。

公式（6.1）的经济学逻辑是，私人产品的生产与消费促进着GDP，而政府收入来源取决于对GDP的划分，即对私人产品的生产与消费过程中民间所创造出的财富的划分。

那么，当G的大小取决于包括“五险一金”在内的税收收入。而“五险一金”越多时，一段时期内，GDP总量势必影响C及I的规模，即影响私人产品的生产及消费，势必反过来抑制GDP的进一步提高，从而影响G即政府支出的收支来源；当“五险一金”越少时，效果反之。

6.3.2 微观分析法

宏观总量由一个个具体的微观个体（企业及居民）构成，而“五险一金”效果的发挥，通过对微观市场个体的影响产生规模效应，从而对宏观总量产生影响，反之亦然。

$$c = g(w - FO) \tag{6.2}$$

$$i = f(FO) \tag{6.3}$$

在公式（6.2）中，c为单位职工消费量，与单位职工可支配收入呈正相关关系，而单位职工可支配收入取决于w及FO，在此，w为单位职工的应发工资，FO 为单位职工在领取实发工资前所扣除的“五险一金”。

在公式（6.3）中，i 为单位私人投资量，而 FO 作为制度性交易成本影响用工成本，进而对投资回报率产生影响，因此，FO 与 i 大体呈负相关关系。

由此观察可得：当 FO 降低时，单位职工可支配收入增加，由此带动单位职工消费增长；与此同时，当 FO 降低时，降低投资生产中的用工成本，从而提高投资回报率，且进一步刺激扩大再生产的投资。

当单位职工消费量与单位私人投资量均受益于“五险一金”的降低时，市场交易扩大带来的活力提升，可以促进宏观方面的居民收入、企业利润以及 GDP 的增长。

6.3.3 乘数效应

“乘数效应”属于宏观经济学中的概念，一般指政府政策工具的实施使经济活动中某一变量的增减，导致宏观经济总量的加速变化。

“五险一金”这一准税收，作为财政政策的一项重要工具（此外，是包括政府采购在内的财政支出），当政府实施诸如降低“五险一金”缴纳比例这一减税措施时，就会增加居民家庭的工资收入，这一额外收入的一部分将被居民家庭储蓄起来，而另一部分将用于消费。由于减税而增加的消费支出，将使总需求曲线向右移动。

另外，当政府实施这一“五险一金”减税措施时，企业制度性成本降低，同期利润增加，投资回报率提高，对未来经济状况持乐观态度，企业生产扩大再投资积极性高，假设其他情况保持不变时，市场相关需求增加，进而又将导致总需求曲线的右移。

因此，当政府减税引起消费支出及企业投资增加时，产生的乘数效应公式推导如下：

假设边际消费倾向 MPC，即家庭额外收入用于消费而非储蓄的比例。为得出政府减税增加对总需求的影响，将以上所有效应相加：

降低“五险一金”所增加的工资及企业利润 = A

第一轮消费变动 $= A \times MPC$

第二轮消费变动 $= A \times MPC^2$

第三轮消费变动 $= A \times MPC^3$

……

需求总变动 $= A + A \times MPC + A \times MPC^2 + A \times MPC^3 + \cdots$

其中，“…”代表一个类似项的无穷数量，因此可将乘数变形为：

乘数 $= A + A \times MPC + A \times MPC^2 + \cdots$

该乘数表明了“五险一金”每降低 1 元所产生的总需求变动。

当 MPC 为 -1 与 1 之间时，乘数为：

$$\frac{1}{1 - MPC} \tag{6.4}$$

在供给方面，我们假设处于中短期总供给曲线上，由于政府削减税率，职工可以获得更多的收入激励，市场可获得的劳动量增加，自然失业率下降，使总供给曲线向右移动。物质资本与人力资本不变时，由于市场供给量增多，总供给曲线随之右移

6.4 实证检验——基于省际面板数据的分析

本节借鉴上述凯恩斯 GDP 三部门理论模型，即 GDP 与投资、消费、政府支出，围绕各省市历年“五险一金”收入、GDP、固定资产投资及居民消费等指标来构建模型，并加以验证。

由“社会消费品零售总额”代表私人消费，查验各省市工资总额、就业人数及“五险”收入①，可得人均工资“五险”负担，以探讨“五险”负担导致可支配收入的减少进而验证其对消费的抑制作用。

6.4.1 模型建立

$$I_{ij} = c + a_1 SST_{ij} + a_2 GDP_{ij} + a_3 CON_{ij} + b_i + d_j + e_{ij} \tag{6.5}$$

式（6.5）中，I_{ij}表示 i 省 j 年的私人投资量，SST_{ij}表示 i 省 j 年“五险一金”

① 各省、市“一金”数据不全，故在此仅分析“五险”。

的征收收入，GDP_{ij}表示 i 省 j 年的区域生产总值，CON_{ij}表示 i 省 j 年的消费量。

这一方程式的理论来源是 GDP 的支出法核算，这一计算的方法涵盖居民消费、企业投资与政府支出，代表消费、投资与政府支出对当地区域生产总值的影响关系。对于其中的政府支出，根据预算平衡原则，可以用包括“五险一金”的税收来代表。

6.4.2 变量及资料来源

将私人企业投资 I 作为被解释变量，将“五险一金”SST、地区生产总值 GDP、消费 CON 作为解释变量，由此查看解释变量对被解释变量的因果关系。

对于私人企业投资 I，使用各省 2007—2016 年民间固定资产投资，用来代表私人企业的新增投资。对于“五险一金”SST，考虑到住房公积金仅在 2015 年、2016 年公布各省收支情况，其他年份尚未得知，因此，采用各省市 2007—2016 年“五险”收入总和，即养老保险、医疗保险、失业保险、工伤保险、生育保险基金收入总额。其中，准确来说，应该计算“五险”收费收入，而不应该纳入来自一般公共预算的补贴收入，但因数据限制，目前仅能使用包括补贴收入在内的基金收入，但对结果影响不大。区域生产总值 GDP 为 2007—2016 年各省数值。对于私人消费 CON，采用 2007—2016 年各省居民人均消费乘以当年当地常住人口之积。以上数据，均来自国家统计局各地区各年份的数据。

由此，对各解释变量及被解释变量进行统计性表述见表 6.4。

表 6.4 各变量的统计性表述 单位：亿元

变量	I	SST	GDP	CON
计算方法	各省历年民间固定资产投资	各省历年社会保险收入	各省历年区域生产总值	各省历年居民消费
均值	3 275.750	855.2428	16 870.95	5 948.311
中值	2 010.580	636.2615	12 998.10	4 560.205
最大值	23 670.66	4028.765	80 854.91	31 341.65
最小值	39.30000	11.86799	341.4300	91.49740
标准差	3 782.925	782.2272	14 831.51	5 340.498
观察值数量	310	310	310	310

资料来源：根据 Eviews 整理。

6.4.3 回归结果及分析

本节尝试运用固定效应回归，对面板数据进行回归模拟，由此，得出以下初步判断（见表 6.5）：

表 6.5 回归分析结果

Dependent Variable：I				
Method：Pooled Least Squares				
Sample：2007 2016				
Included observations：10				
Cross－sections included：31				
Total pool（balanced）observations：310				
Variable	Coefficient	Std. Error	t－Statistic	Prob.
C	－2 526. 394	180. 5376	－13. 99373	0. 0000
SST	－2. 332789	0. 316485	－7. 370935	0. 0000
GDP	0. 267289	0. 045381	5. 889872	0. 0000
CON	0. 552733	0. 125217	4. 414190	0. 0000
Fixed Effects（Cross）				
Effects Specification				
Cross－section fixed（dummy variables）				
R－squared	0. 930625	Mean dependent var		3 275. 750
Adjusted R－squared	0. 922330	S. D. dependent var		3 782. 925
S. E. of regression	1 054. 277	Akaike info criterion		16. 86228
Sum squared resid	3. 07E＋08	Schwarz criterion		17. 27210
Log likelihood	－2 579. 654	Hannan－Quinn criter.		17. 02611
F－statistic	112. 1929	Durbin－Watson stat		0. 420432
Prob（F－statistic）	0. 000000			

资料来源：根据 Eviews 整理。

首先，观察 SST 对 I 的影响。当 SST 每增加一个单位时，对 I 将产生－2. 33单位的效应。这意味着，“五险一金”的征收收入与民间固定资产投资呈现较为显著的负相关关系，符合上节所推论的宏观三部门理论，即政府税收的征收对私人投资造成挤出效应。

其次，观察 GDP 对 I 的影响。当 GDP 每增加一个单位时，对 I 将产生 0. 26 单位的效应。这意味着，地区生产总值与民间固定资产呈现正相关关系，符合经济学的一般理论，即投资是 GDP 增长的“三驾马车”之一。

最后，观察 CON 对 I 的影响。当 CON 每增加一个单位时，对 I 将产生 0.55 单位的效应。这意味着，民间消费与民间固定资产投资呈现正相关关系，大于 GDP 对民间投资的影响。这表示，在各省市区域经济中，消费对于区域经济的拉动效应较为显著。

对以上固定效应模型的回归结果，进行似然比检验，得出如下结果（见表 6.6）：

表 6.6 似然比检验

Redundant Fixed Effects Tests			
Test cross - section fixed effects			
Effects Test	Statistic	d. f.	Prob.
Cross - section F	35.489368	(30，276)	0.0000

资料来源：根据 Eviews 整理。

如表 6.6 所示，该固定效应 F 值较大，且 P 值远小于 0.05，拒绝原假设，因此肯定所尝试的固定效应模型。

参考从人均工资总额中扣除“人均五险负担”得到的“人均可支配收入”与“社会消费品零售总额”的关系，对比 2007—2016 年数据可知，各省市均为接近于“100%”的正相关关系（见表 6.7）。

表 6.7 “人均可支配收入”与“社会零售品零售总额”的相关性

地区	相关性	地区	相关性	地区	相关性
北京市	99%	广东省	97%	上海市	98%
天津市	98%	广西壮族自治区	99%	江苏省	92%
河北省	99%	海南省	99%	浙江省	98%
山西省	97%	重庆市	98%	安徽省	97%
内蒙古自治区	99%	四川省	94%	福建省	99%
辽宁省	96%	贵州省	100%	甘肃省	97%
吉林省	99%	云南省	99%	青海省	99%
黑龙江省	87%	西藏自治区	87%	宁夏回族自治区	92%
江西省	99%	陕西省	99%	新疆维吾尔自治区	99%
山东省	99%	湖北省	99%	河南省	100%
湖南省	98%	—	—	—	—

借此推断出如下结论：

第一，人均工资总额同样与社会消费品零售总额呈正相关关系，即人均工资增长越多，消费品零售额增长越快，消费能力越强。

第二，人均“五险”负担则与社会消费品零售总额呈负相关关系，即“五险”在工资中占比越高，社会消费品零售额增长越慢，也就是说，“五险”占比限制了职工（消费者）的消费能力。

第三，“五险一金”的过度征收减少了私人的可支配收入，进而抑制私人消费，造成市场需求的制度性萎缩[①]，进一步压缩市场供给空间，影响企业家投资所提供的产品及服务的积极性，因需求萎靡致使投资不振，乃至投资回报率进一步下滑，市场由此可能进入衰落期。

6.4.4 模型结论及启示

根据“五险一金”与社会零售品消费总额的负相关关系可以推导出，“五险一金”与可支配收入呈负相关关系。由于可支配收入与社会零售品消费总额为正相关关系，因此，“五险一金”的征收势必减少私人消费需求（可支配收入表达的需求），进一步减少市场对投资（所代表的产品及服务）的需求。同时，“五险一金”不仅对个人消费有影响，而且加快企业投资成本的增长，通过用工成本的上涨造成影响，致使近年来民间固定资产投资呈现出较为严峻的下滑趋势。

由此可见，民间固定资产投资之所以长期处于萎缩状态，在一定程度上与“五险一金”等制度性交易成本的加剧息息相关。

在社保与各省GDP增速进行对比时，比较一致的是，社保增速普遍跑赢GDP增速，两方增速均呈下滑趋势，当然各自的原因未必一致。

既然可以将“五险一金”缴费看作“税”的一种，则符合“拉弗曲线”的定义：“五险一金”的征收额与社保缴费率呈倒U形。“五险一金”税率越高，“五险一金”的征收收入不一定会越高。其原因在于税基的变动，即社会上的企业及职工对于社保这一“税”的抗拒行为表现为偷税、逃税与漏税。

---

① 看得见的是企业家的投资生产进而提供产品及服务，但看不见的是指挥企业进行投资的消费者需求。参见米塞斯《Economic Policy：*Thoughts for Today and Tomorrow*》第20页。

如同梭罗在《论公民有不服从的权利》中所言，“对付一个不合理的制度，最好的办法就是立即的抵制”。

税基的侵蚀，也说明“五险一金”及所代表的税收制度本身激励性不足，导致本来应该承担义务的纳税人，尤其处于弱势地位——无论是相对于政府等强势的市场主体，还是相对于市场规模主体的小微企业，甚至“以脚投票”，或者甘冒法律风险，以减轻“社保税负”，因此导致“五险一金”征收收入难以得到提高，社保基金入不敷出的问题也将难以得到有效解决。

本节参考科斯的“侵害效应”，借鉴凯恩斯宏观 GDP 三部门理论框架，研究“五险一金”的过度征收对私人投资与私人消费带来的外部性问题。

首先，在分析“五险一金”对私人投资及消费的影响方面，以 Z 省 H 市企业 N 为例，阐述“五险一金”在合规缴纳的条件下，在一定程度上对企业投资回报率及职工可支配收入产生不利影响，并以此为例，结合中国民间投资增速不断下滑、各省“五险一金”增速普遍跑赢 GDP 增速等相关背景，本书认为，“五险一金”的过度征收拖累了私人投资，进而对 GDP 增长不利。

其次，借鉴凯恩斯 GDP 三部门（政府、居民及企业）理论，从总量、微观以及乘数效应三方面，分别验证“五险一金”对投资、消费的影响效果，并突出“五险一金”税率的降低对市场供求的提振、劳动力的工资提高等方面，具有较为明显的经济刺激作用。

最后，围绕上述理论，构建关于私人投资、消费、“五险一金”以及 GDP 的模型，并利用省际面板数据，得出以上解释变量的相关性，从而验证“五险一金”对私人投资产生较为显著的负相关效应。在分析“五险一金”对私人消费的影响方面，引入各省市人均可支配收入、人均“五险一金”工资税负、消费以及 GDP 增长等变量。人均可支配收入直接影响私人消费及 GDP 增长，而人均可支配收入与工资税负负相关。因此，“五险一金”引起的工资税负与私人消费呈负相关关系，也就意味着，“五险一金”的过度征收将导致私人消费的萎缩，进而拉慢 GDP 的增长。

综上所述，若降低“五险一金”缴纳比例，将出现经济学意义上的“拉弗曲线”效应，“五险一金”收入并未一定减少，由此，可作为“五险一金”下一步改革的逻辑初衷与思考起点。

6.5　“五险一金”相关调查分析

我们尝试从企业税费负担及职工工资税负两个角度探析由“五险一金”所引致的企业税负及职工工资负担，并结合宏观税负、微观税负以及具体企业职工工资及其用工成本等多方面展开论述。

理论的推导还需要结合社会的现实，尤其是对企业进行实际的调研，包括现场座谈、案例跟踪、资料记录等，尝试更为充分的理论论证。正如庇古所言，“天文物理学也不仅仅是在不同的时候发现了一些星星，并简单地记录下它们在天空中的位置而已。生物学也不仅仅就是记录下动植物培育和试验的多次结果。相反，任何一门科学，都是通过对能够加以确定的特殊事实的考察和反复考察，努力发现其活动的一般性规律，而这些特殊事实正是这些规律的表现”①。本节便是基于上述观点，参考以下学者的方法：冯军旗在《中县干部》(2010)② 对辖区内各级官员的访谈模式；刘军强（2011）分别对社保及税务部门访谈，以了解两部门在社保征缴体系上的部门利益差异③；费孝通在《江村经济——中国农民的生活》④ 立足江村，将其作为考察对象，由此管窥中国当时的经济、文化、社会生活场景。基于此，我们以“五险一金”为切入口，观察、记录企业及其职工对于这一现实问题的态度及其行为，并从中提炼出可资反思、探讨的学术问题，来验证理论推断。

自2014年9月至2017年9月，三年多时间，我们还跟随企业税费负担课题组前往贵阳、武汉、杭州、大连、荆州、泉州、西安、天津、北京、温州、石家庄、广州等12市，涉足食品医疗、医药制造、机械制造、超市连锁、军工生产、食品加工、信息科技等行业，了解当地企业及所反映的“五险一金”相关问题（详见表6.8）。

---

① ［英］A. C. 庇古：《福利经济学》，朱泱译，北京：商务印书馆2006年版，第11页。

② 冯军旗：《中县干部》，北京大学2010年博士论文。

③ 刘军强：《资源、激励与部门利益：中国社会保险征缴体制的纵贯研究（1999—2009）》，《中国社会科学》，2011年第3期，第139—156页。

④ 费孝通：《江村经济——中国农民的生活》，北京：商务印书馆2001年版。

表 6.8 调查行程

时间	地点	调研对象
2015 年 10—12 月	贵阳、杭州、武汉、大连	当地民企、税务部门、税务师
2016 年 3—4 月	荆州	当地民营制造业
2016 年 7—8 月	泉州	当地社保、税务、民营制造业
2017 年 1—3 月	南京、苏州、钦州、富阳、大理、南宁、泾县、德化等	当地传统工艺企业
2017 年 4	石家庄	当地民营制造业
2017 年 5	广州	当地生产加工出口制造业
2017 年 7—8 月	北京、天津、温州、杭州	当地民营科技、物流运输行业

资料来源：根据各地区报告整理。

按照《社会保险法》及其实施细则规定，企业作为职工“五险一金”的扣缴义务人，直接承担着为职工代扣代缴“五险一金”的任务，在企业看来，这是用工环节的制度性成本，作为劳动力用工费用的构成，随着“五险一金”的增加，而引起用工成本的增长。

因此，我们将考察的重点，集中在企业尤其是对企业 CEO 及 CFO 的访谈，并对访谈内容进行有针对性的理论梳理。如同庇古所言，“在实用科学中，事实并不是被简单地搜集到一起，必须通过思想加以说明。正如 M. 庞加莱所说，‘正如房子是由石头建造的一样，科学建立在事实之上，但事实的堆积不是科学，就如同一堆石头不是房子一样’”①。

由此，在对访谈内容的梳理过程中，主要侧重两个问题：第一是公司为职工缴纳“五险一金”的情况如何？比如缴费基数、覆盖率等方面；第二是“五险一金”占公司利润及用工成本的各自比重多大？这两个问题，综合“五险一金”引致的企业税负及职工税负，以及企业对“五险一金”的缴纳遵从度，由此反映出“五险一金”相关制度自身的改进方向。具体调查流程见图 6.3。

“五险一金”制度自身方面的问题主要体现在以下几点：第一，城乡户籍的适用性，尤其是流动人群的双重缴纳；第二，各地方征收部门的缴纳基数较为混乱，且各地不一致，企业遵从成本较高；第三，政府管制包括企业注销等程序，均将“五险一金”的缴纳作为前置条件，还有领导人换届，导致执行

① ［英］A. C. 庇古：《福利经济学》，朱泱译，北京：商务印书馆 2006 年版，第 11 页。

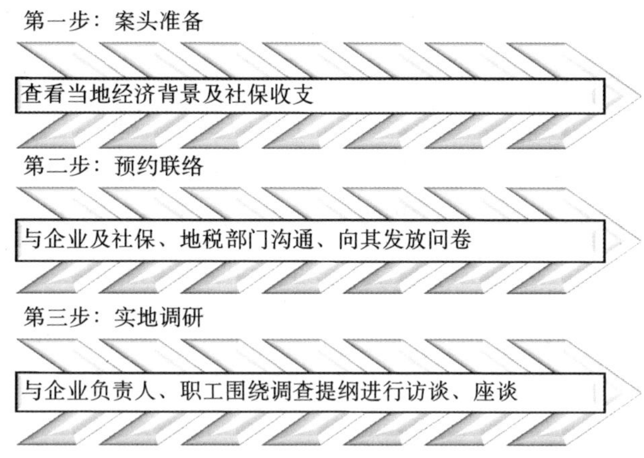

图 6.3 调查流程

力度不一。

对比较有代表性的数个省市，不难发现，尽管对于缴纳“五险一金”的企业及职工遵从行为有了进一步的了解，包括“五险一金”相关制度的自身问题，但是，仅停留在表面，依然还有不够深入之嫌。

因此，围绕 A 省 A 市，基于“五险一金”相关问题，我们以当地企业及职工、税务部门、社保部门等利益相关方为对象，展开更为具体的挖掘及探索。

6.5.1 案头准备

之所以选择这一区域作为案例研究，主要原因有以下几个方面：

第一，A 省 A 市地处中国东南沿海，经济较为发达，“五险一金”收支状况较为良好，且养老保险等社会保险历史成本不重。

第二，当地产业主要以鞋业、纺织业等劳动密集型产业为主，外来务工人员聚集，这为与劳动力密切相关的“五险一金”提供较好的参照，也是观察劳动密集型企业税费负担较为恰当的窗口。

第三，当地进出口贸易较为发达，受外部经济影响较大，可以较好地反映国际经济变化的趋势，同时，借此观察“五险一金”不仅对于投资及消费产生影响，而且有助于厘清“五险一金”对于出口的影响传导机制及效果。

在此，根据当地统计部门、社保部门等政府官方网站以及省级统计部门的相关数据，整理 A 省 A 市这一区域的主要经济指标，如 GDP 及工业增加值、劳动就业人数及社会保险缴纳人数、财政收入及一般公共预算收支等，借此梳理出当地经济社会发展的主要背景。

（1）GDP及工业增加值。作为GDP主要构成的工业，其增加值与GDP增速在过去十多年一直处于较高增长区间，尤其是2003—2015年，总体上处于10%以上的增长速度。但是，GDP及工业增加值（工业增加值占GDP绝对比重）增速，在2009年出现短暂下跌，随后在2011年急剧上升至顶点，在2012—2015年又一路下滑（见图6.4）。

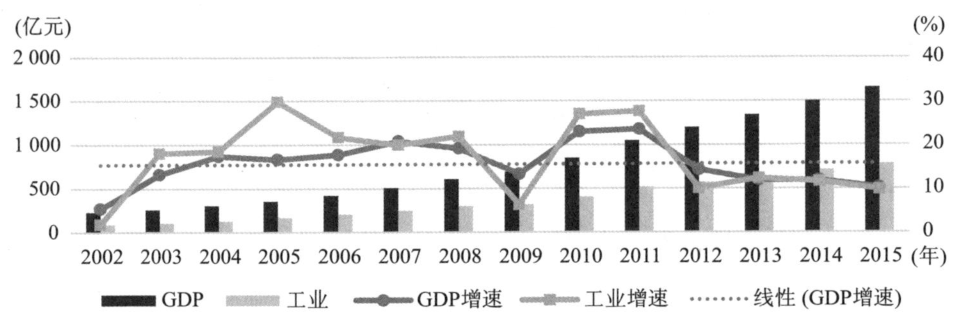

图6.4　2002—2015年A省A市GDP、工业增加值及其增速

资料来源：A省A市统计局及历年发展公报。

（2）公共财政收支。与GDP增速趋势相似，财政收支情况也反映类似趋势：收入与支出在2005—2010年处于高位区间，但在2010—2015年下滑趋势明显，且从绝对值来看，财政支出远高于财政收入，赤字情况较为明显（见图6.5）。

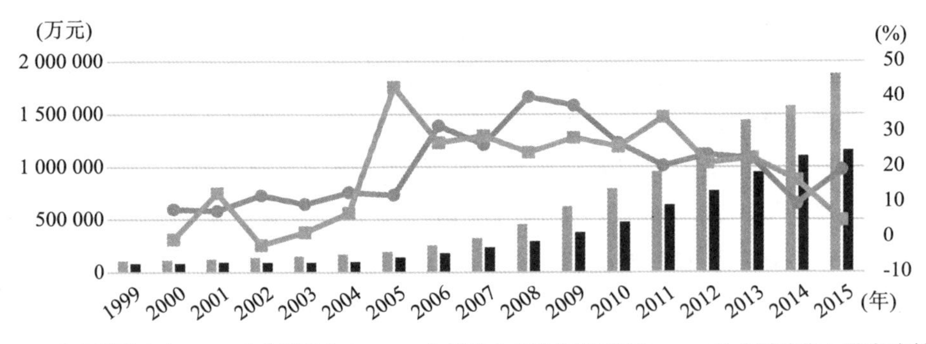

图6.5　1999—2015年A省A市公共财政收入与支出及其增速

资料来源：A省A市统计局及历年发展公报。

（3）固定资产投资情况。在固定资产投资方面，考虑到该地区经济结构主要侧重在出口导向型的对外贸易，投资情况在 2002—2015 年一路下滑，尽管在 2008 年处于低点后，在 2009—2011 年略有拉升，但 2012—2015 年又迅速回落。

这从某种程度上说明，区域经济受国际环境影响，该地区投资回报率下降，是导致投资增速明显放缓的主要原因（见图 6.6）。

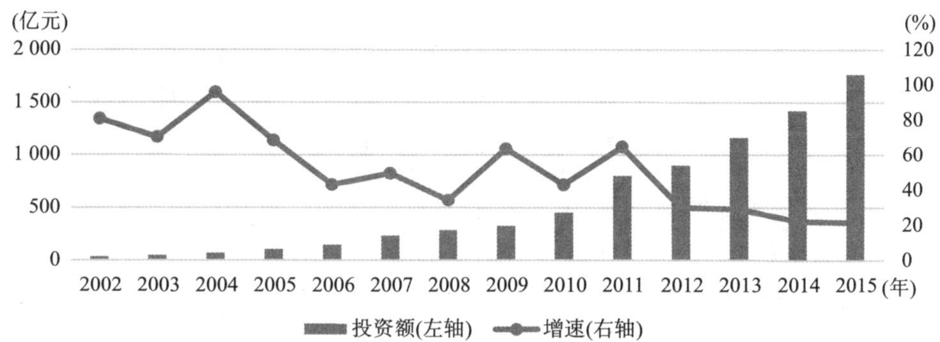

图 6.6　2002—2015 年 A 省 A 市固定资产投资及增速

资料来源：A 省 A 市统计局及历年发展公报。

（4）就业人数及工资。作为外来务工人员占比较大的区域，其就业人数在最近十多年中也出现较大的变化幅度。尤其在 2008 年，受国际金融危机影响，就业人数增速在当年跌落谷底，尽管在 2013 年迅速增长，恢复较快，但在 2014 年、2015 年再次明显下落。甚至在 2015 年，就业人数增速下滑至 0 左右（见图 6.7）。

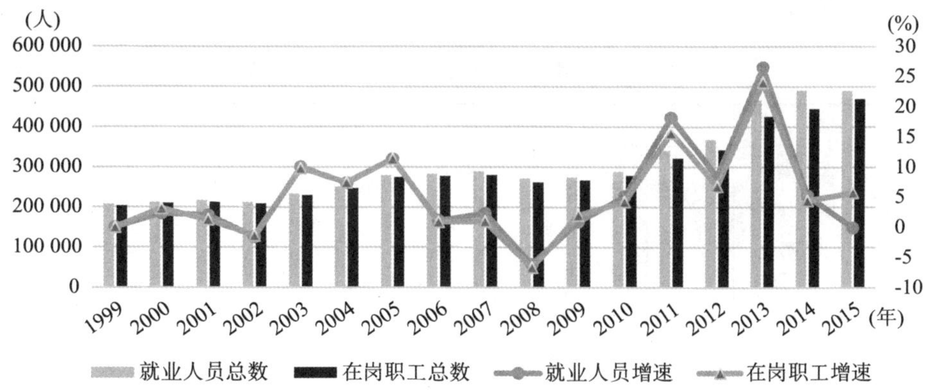

图 6.7　1999—2015 年 A 省 A 市就业人数、在岗职工总数及其增速

资料来源：A 省 A 市统计局及历年发展公报。

就业人员工资方面，与就业人数增速趋势类似，并不乐观，尤其是在2011年短暂回升后，又迅速跌落，乃至2015年在岗职工平均工资增速跌落至5%以下，可能无法跑赢当期通胀指数，可想而知，对于外来人口的吸引力将持续下降（见图6.8）。

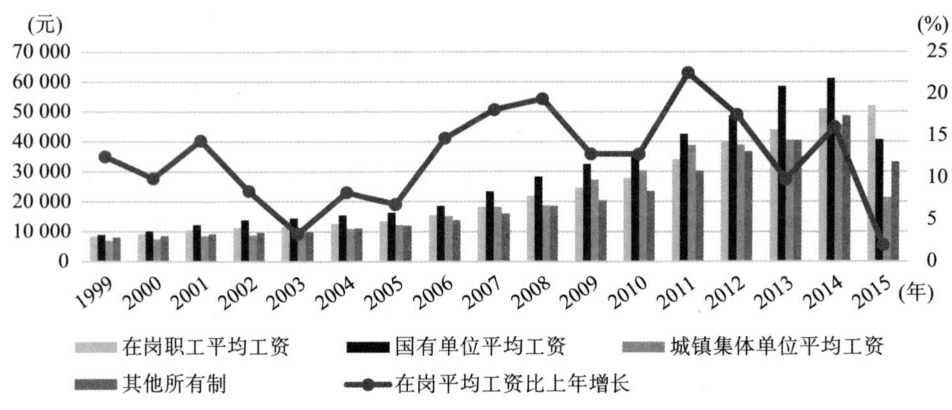

图6.8 1999—2015年A省A市在岗职工平均工资及增长率

资料来源：A省A市统计局及历年发展公报。

（5）社会保险缴纳情况。在《社会保险法》实施的2010年，企业基本养老保险人数急剧上涨，并至2013年前一直递增。但在2014年、2015年，根据当年公报显示，出现下滑。历年公报数据前后矛盾——2014年、2015年企业基本养老保险人数中，每一年公报显示“与上一年相比的人数增减”，却与上一年的公报数据无法对应。

表6.9 2005—2015年A省A市社会保险参保人数 单位：万人

年份	企业基本养老保险人数	养老保险明细			职工医疗保险人数	失业保险人数	工伤保险人数	生育保险人数
		与上年相比	参保企业基本养老保险人数	企业基本养老保险离退休人员				
2005	14.33	暂无	14.33	暂无	13.95	12.59	暂无	
2006	17.39	3.06	17.39	2.51	16.65	12.82		
2007	20	2.61	17.35	2.65	19.06	13.75		
2008	22.04	2.04	19.25	1.9	21.85	14.59		

续表

年份	企业基本养老保险人数	养老保险明细			职工医疗保险人数	失业保险人数	工伤保险人数	生育保险人数
		与上年相比	参保企业基本养老保险人数	企业基本养老保险离退休人员				
2009	22.79	0.75	20.08	2.91	22.37	15.29	14.74	12.01
2010	27.51	4.72	24.08	3.08	23.91	15.97	15.28	13.5
2011	28.34	0.83	24.83	3.23	38.43	26.89	29.96	36.53
2012	29.8	1.46	23.41	3.44	30.07	18.9	26.01	26.76
2013	31.9	2.1	24.57	3.73	31.98	24.13	38.59	28.32
2014	31.01	-0.9	26.28	3.98	32.67	25.33	39.63	30.16
2015	32.91	-2.08	27.89	4.23	33.12	26.6	43.63	32

资料来源：A 省 A 市统计局及历年发展公报。

综上可知，2011—2015 年，受经济下滑、国际市场外需不振等影响，A 省 A 市社会经济指标（GDP、外贸、财税、工业增加值、就业人数）下滑趋势明显。

为做到有的放矢，值得挖掘的数据如下：当地预决算包括的社保基金收支情况，“五险”参保人数前后矛盾的原因，住房公积金收支情况（实地了解），工业主要类型的制鞋业及其所代表的加工贸易数据。带着上述疑问及方向，自 2016 年 7 月开始，我们通过联络当地企业，开展“江村式”的实地勘察。

6.5.2　企业 M

作为当地最早来此投资设厂的台资企业，企业 M 初期生产皮鞋及运动鞋，2011 年左右停产后，转而在当地投资食品加工生产，产品主要出口到东南亚地区。通过与该企业负责人 M 的交流，我们了解到这一食品生产企业“五险一金”的缴纳情况，并整理如下：

（1）覆盖率。经了解，M 企业用工数量为 90 人，其中，在 10 位管理层员工中，仅 3 人缴纳，另外 80 位工人中没有人缴纳。

缴纳社会保险的 3 人分别是厂长、车间管理人员各 1 名，以及办公室行政人员 1 名，在人事部门年初的询问中，他们均同意公司每月从“应发工资”中代扣代缴 152 元费用，同时企业配套缴纳 380 元。但是，其余大部分管理及后勤部门的员工及所有一线工人，均“不同意”缴纳社会保险，即宁愿放弃社会保险费 380 元公司配套缴纳（养老及工伤保险），也不愿放弃每月 152 元的现金收入。

我们对这一“自利”考量情况理解如下：公司相当部分的员工处于 50 岁上下，且来自农村地区，在农村也缴纳了城乡居民养老保险及新型农村合作保险，无须再重复缴纳城镇职工社会保险（尤其是养老及医疗保险）。

同时，扣除的每月 152 元的大部分养老保险，在职工离职时，转移手续往往复杂，不易续接，如果选择退保，职工往往只能申请养老保险个人账户每月所缴纳的 152 元，但公司配套缴纳的 380 元，由于进入统筹账户，无法退还（见图 6.9）。

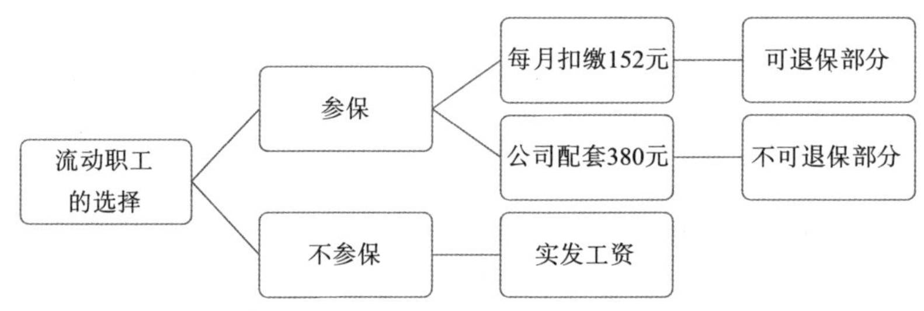

图 6.9 流动职工在“五险一金”缴纳上的选择

外来务工者最为现实的考量是，在流动地拿到现金，即更多的实发工资。如果选择参保，尽管名义工资上公司配套缴纳了 380 元，但实发工资中减少了 152 元，即使在离职时，也仅能“退保”152 元的这一部分，整个过程，相当于领取不参保的实发工资，且省去因退保而付出的遵从时间成本。另外，每月实发工资并不减少，因此，作为职工，其理性的选择便是“不参保”。

（2）缴费基数。依照《社会保险法》及其实施细则的相关规定，企业所在地每年定期由统计部门公布社会平均工资，并以此作为社会保险平均缴费基数，以确定职工个人社会保险缴费基数上、下限，具体关系如下：

社会平均工资 ×60% ≤ 职工个人社会保险缴费基数 ≤ 社会平均工资 ×300%

关于以上职工个人社会保险缴费基数，《社会保险法》及国务院作出了相关规定：职工个人以本人上年度工资收入总额的月平均数作为本年度月缴费基数，其中，新进本单位的人员以职工本人起薪当月的足月工资收入作为缴费基数，参保单位以本单位全部参保职工月缴费基数之和作为单位的月缴费基数。

不难想象，对于雇用人数众多的劳动密集型制造业，若严格依照法律规定如实依据职工足月工资，即企业 M 近年来职工月工资总额在 5 000 元浮动为缴费基数，个人被代扣代缴加上企业配套缴纳的社会保险费用，均会以数倍规模增长，这可能导致企业无法承受劳动力用工成本的上涨，直至濒临破产。因此，对于企业来说，在配合当地征缴部门完成征缴任务的基础上，能少缴则少缴，即尽量采取较低的缴费基数及缴纳人数，如此更符合企业的理性选择。

（3）缴纳明细。查看企业 M 在 2014—2016 年有关用工人数及社保费的缴纳明细（详见表 6.10），在 2014 年，在约 70—80 人中仅 4 人缴纳，合计支出 9 080.75元，人均 2 270.19 元，参保率仅约为 5%；在 2015 年，在约 50—80 人中仅 2 人缴纳，合计支出 5 139.51 元，人均 2 569.76 元，参保率仅约为 3%。

表 6.10 2014—2016 年企业 M 用工人数及缴纳社会保险人数

年份	用工人数（年初—年末）	保险费支出（人数）
2014	85—72 人	9 080.75 元（4 人）
2015	83—59 人	5 139.51 元（2 人）
2016	83 人（年初）	暂无

注：当地地方税务局代征社会保险费，规定每年制造业社保缴费基数、缴纳养老及工伤两个险种；伴随 2015 年陆续调低社保缴费费率，养老及工伤缴费费率出现略微下降。

（4）企业 M1①的用工成本。在 2011 年前，企业 M 从事鞋业的生产加工。通过调查问卷，整理当时企业 M1 的用工人数、人均工资、产量以及社保成本的变化（见表 6.11）。

① 某台资鞋业公司创建于 1996 年 12 月，共投资港币 1.4 亿元，属于专业生产各式鞋底的劳动密集型外商独资企业。

表 6.11　　1997—2012 年企业 M1 平均用工成本及劳动生产率调查

年份	年均用工（人）	月均工资（元）	年均产量（万双）	社保支出占用工成本比重（%）
1998—2001	1 200	1 200	4 200	1
2002—2004	1 000	2 000	3 500	3
2005—2007	800	2 500	3 000	5
2008—2009	500	3 500	2 000	6
2010—2011	220	4 500	1 400	6

资料来源：用工成本变化调查问卷。

从表 6.11 可知，在 1998—2011 年，随着年均产量的不断降低，用工人数也随着下降，但是，职工月均工资有增无减，从 1 200 元增加至 4 500 元，将近 13 年间，增长约 2.75 倍；与此同时，社保支出占用工成本的比重从 1% 增长至 6%。

综上可见，当地企业对于“五险一金”的遵守，无论从覆盖率还是缴纳基数来说，均低于法律规定的要求，并在当地征收部门的默许下，采取选择性地遵守。尽管如此，从缴纳数额来看，社会保险支出占人力成本中的比重在近些年呈现递增趋势。加之制度公平性的缺失，同样表现在《劳动合同法》的执行与遵守方面，进一步加剧社会保险遵从度的下降。且在企业看来，个别险别如工伤保险，其性价比并不比商业保险高。由此引发的思考便是，社会保险的提供方式如何确定。一般常见的规律是，由政府垄断提供的公共产品，其性价比往往低于市场竞争状态下提供的商业产品。

凭借对微观市场主体——企业的座谈及深入调研，对于以“五险一金”为代表的社会保险制度相关问题逐步熟悉。考虑到政府相关机构如社保部门及地税部门作为“五险一金”的征收方，对于企业所反映的相关问题可能会有类似甚至相反的观点，均宜如实记录并分析，以保证调研的客观及全面。

循着以上思路，在 2016 年 7 月初，我们约当地人力资源与社会保障局调研员 A 进行座谈，了解其作为“五险一金”征收部门的管理人员，对于企业所反映的“五险一金”相关问题的观点。

不可忽视的是，因顶层法律及其实施细则的缺失，导致社保及税务两部门在社会保险征收权方面各地方划分较为繁杂，且并不明确，人为操作因素较大，不利于规则的统一，较大可能加重纳税人的遵从成本，尤其是跨区域的企业单位。因此，亟须在法律层面尽快拟定相关条文，并在实施细则层面及时补充这一漏洞，以便各地方社保、税务等相关部门参照执行。

从进一步的分析中可以发现，造成上述现象及困境的原因之一，可能是以“五险一金”为代表的社会保险性质并不明确。在当前，如果将“五险一金”认为是费用，将导致税务部门介入社保征收，显得依据不足。如将其认为是税收，则人力资源与社会保障部门对此反对。因此，在全国范围内，尽快形成对“五险一金”税费性质的辨析及共识，对于推进“五险一金”相关征管及使用的改善，将起到关键作用。

6.5.3 调查问卷及分析——以传统工艺行业为例

劳动密集型行业作为就业的“蓄水池”，关乎中国这一人口大国的社会稳定及居民收入。而“五险一金”相关制度因其自身所具有的就业影响效应，宜以一个具体行业为参照。

传统工艺行业作为劳动密集型与技术密集型的交叉行业，较为合适提供有代表性的参考。本节以其为例，了解当下传统工艺行业税收负担的状况，如税收以及包括“五险一金”在内的政府强制性收费对企业经营成本的影响，以此明确“五险一金”在行业中的具体影响效果。

在此期间，与相应企业家及其财务负责人访谈过程中，我们严格遵守学术规范，对企业信息履行保密义务。

（1）问卷设计。问卷涉及的问题有31项，以近3年的企业经营状况为主，包括营业收入及成本，侧重企业税费负担、“五险一金”等用工成本的变动情况，据此评判企业负责人对企业税负轻重的客观、主观感受。

税负测算采用包括“五险一金”在内的企业所得税、增值税及其附加税等之和与企业同期毛利润之比，据此反映企业每赚取1元钱，缴纳给政府的金额是多少，以此衡量民间与政府围绕产值的划分比例。

问卷还涉及“营改增”等政策实施一年来企业税种数量及税负轻重的变化，据此考察政策设计初衷是否与实际效果相符。

（2）问卷分析。本次调查共收回有效问卷54份（详见表6.12）。

表 6.12　有效问卷信息

地区	数量（份）
四川、云南、安徽、浙江	16
北京	14
江苏苏州等地	12
福建德化	6
江苏南京	4
广西钦州等地	2
总数	54

资料来源：根据问卷整理。

问卷的地域分布较好地照顾到了我国东、中、北、西四个区域，不仅包括北京、南京及苏州、浙江、福建德化等经济较为发达的地区，还包括中、西部如安徽、云南、四川、广西等经济欠发达地区，以较全面地反映现实情况；同时，凸显了各地区政策执行的不同。比如，各省市“五险一金”的执行与遵从尺度不一，导致企业缴纳的情况即职工的参保覆盖率出现显著差别。此类问题，有待提出有针对性的解决办法。

2017 年 1—5 月，工艺行业的人工费用占经营成本较大的比例，其中，“五险一金”影响工资收入，值得探究在应发工资中有多大比例作为实发工资，又有多大比例被以“五险一金”名义征收。

此次调查的劳动密集型行业，涉及 54 家企业，含国有企业 6 家、个体户 15 家、私营企业 29 家、集体企业 4 家，分别占比为 11%、28%、54%、7%，其中，私营企业及个体户之和超过 80%。

（3）“五险一金”占比。如调研问卷数据分析所示，“五险一金”占用工成本比重为 0—10% 的企业约为 27%，“五险一金”占用工成本比重为 10%—20% 的企业约为 27%，而占 20% 以上比重的为 46%。其中，3 年内上涨的为 18 家，约占 46%（详见图 6.10）。

由图 6.10 可知，约近一半的市场主体每支付 1 元钱工资，仅有不到 0.8 元会到员工手中，而超过 0.2 元会以“五险一金”的名义被征收，企业负担可谓不小。另外，由于“五险一金”的实际作用有限，尤其对西部及东部的小微企业来说，往往不足额、足员缴纳，这有悖于税收制度的公平性原则。

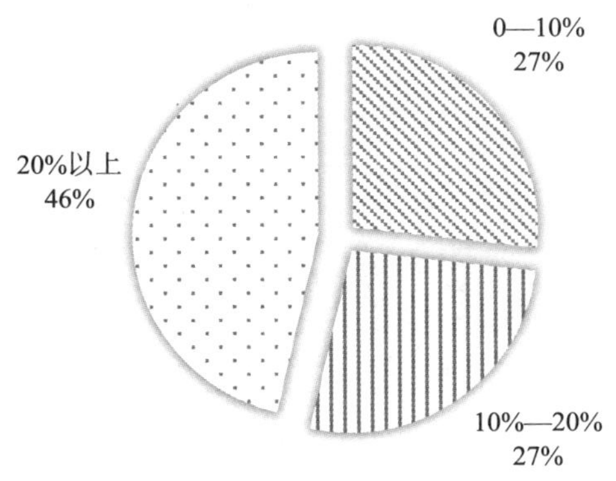

图6.10 近三年的“五险一金”占用工成本的比重

资料来源：根据问卷整理。

参与调研的企业家指出，“五险一金”对企业来说属于隐形税收，是企业沉重的负担。调研发现，一些企业尽管按地区规定的最低标准缴纳“五险一金”，但企业的“五险一金”负担依然很重。其中，一家企业反映，其雇用的是农业户口的劳动力，按规定，企业为其缴纳“三险”，每人每月企业为其承担500多元社保费，对企业来说负担很大。另有一位企业家指出，处于研发阶段的小企业，由于争取不到各种补贴和优惠政策，此时，为员工缴纳“五险一金”，无疑加重了企业负担。

（4）税利率。税利率反映市场主体每赚取1元钱，从采购、生产到销售所承担的税费之和，这是企业较为重视的一个指标，也是衡量政府税收政策轻重的重要参考项。

如问卷数据所反映的，税利率为负值的企业占6%，税利率在0—30%的占25%，税利率在30%—50%的占29%，税利率在50%—100%的占20%，税利率在100%以上的占20%（见图6.11）。

由图6.11可知，税利率为负值，即毛利润为负的市场主体约占6%；税利率占比较大的是30%—50%，即市场每赚取1元钱，政府需要收取的税费之和约为0.3—0.5元；不可忽视的是税利率在50%—100%与100%以上的同样占比不低，均为20%，即约1/5的市场主体税负处于较高水平。

（5）毛利率。毛利率反映企业的盈利能力，包括成本控制能力和销售能力。更为关键的是，毛利率高意味着“税负转嫁”能力强，毛利率低则可能意味着税负较重。

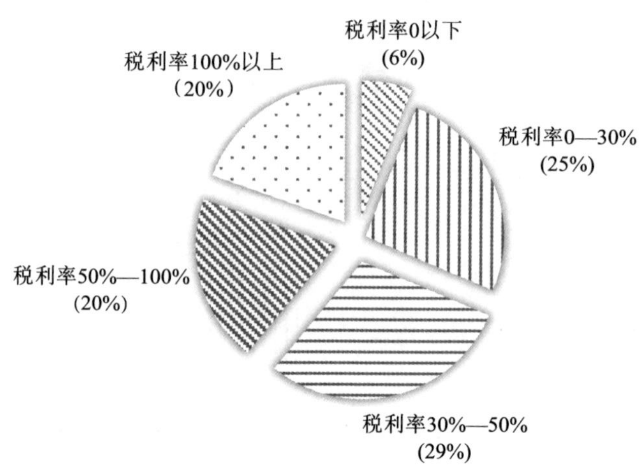

图 6.11 近 3 年的平均税利率

资料来源：根据问卷整理。

如问卷数据分析所示，企业占比最高的平均毛利率区间为 20%—40%，占比约为 36%，即每销售 1 元钱的货物或服务，可以获得 0.2—0.4 元的毛利润；次之的是 0—20% 的毛利率区间，占比约为 32%；0 以下的毛利率占比为 6%，40%—60% 的毛利率占比约为 17%，最高的毛利率大于 60% 区间占比最低，为 9%（见图 6.12）。

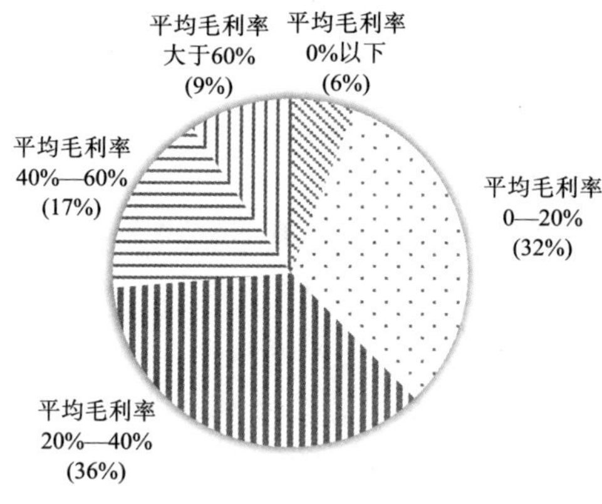

图 6.12 近 3 年的平均毛利率

资料来源：根据问卷整理。

从图 6.12 可见，与上一小节的税利率情况一致，市场主体约有 6% 的毛利润为亏损。可能的原因是人工、税费在内的成本过高，另外，也可能是价格难以提升、销售量受到限制。

（6）主观感受。在了解经营状况及税费负担的数据后，有必要询问企业负责人对税负的主观感受。

据问卷数据显示，认为尚可接受的企业占 34%，认为轻及较轻的企业占 8%，认为重及很重的企业占 58%（见图 6.13）。

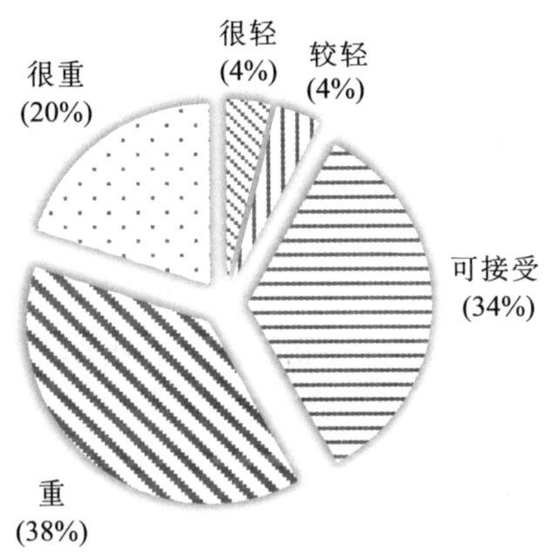

图 6.13　税负感受

资料来源：根据问卷整理。

对税费支付的主观感受类似购买商品过程中的“值与不值”，是对政府公共产品及服务的评价。当评价为“重及很重”，意味着作为纳税人的企业感受为“不值”。

可以说，过半企业对所支付的包括“五险一金”在内的体制成本感到过多与过重，这一情况亟须得到重视，否则将拖累企业的正常生产，影响市场自然分工，进而波及职工及其所代表的消费需求。

6.6　小结

本章立足真实世界，围绕“五险一金”，观察企业及其职工不同程度的遵从行为，并且找出“五险一金”相关制度自身的弊端、缺陷，尤其在征收方加强征收力度时，对企业及职工造成的成本压力。另外，我们发现，各个险种在便利性方面依然存在较大问题，亟待改进。

接着，本章以某地经济社会发展如GDP、财政收支、就业人数以及社会保险参保人数等方面为例，通过与当地企业及地税、社保部门座谈，我们记录各方在“五险一金”征收过程中的不同态度，反映出“五险一金”较有代表性的一般特征。

最后，本章以某一具体行业内相关企业税费负担数据的调研问卷为例，查看“五险一金”对企业利润、营业收入的影响，了解企业负责人对之的感受，主观与客观相结合，反映出“五险一金”在行业内较有代表性的影响。

由此得出结论：“五险一金”的过度征收，不仅构成企业及职工的税费负担，而且对于私人消费及私人投资产生较为明显的不利影响。与此同时，“五险一金”对劳动力市场的介入，不仅导致供求双方福利损失，即企业用工成本增加与职工可支配收入的减少，而且增加企业作为扣缴义务人的制度遵从成本。

第7章　改革方案评析

在“五险一金”征缴的制度困境分析中，从交易成本视角，我们着重分析了“五险一金”的征收对企业及职工的福利影响，进而波及私人消费及投资。但是，社会保险基金的收支状况并不容乐观，尤其部分地方养老金当年收支赤字问题，也愈加严重，对此，本章梳理出三个有针对性的解决方案，并做出评析。

将国有资本注入社会保险，是一直以来受到社会普遍认同的社保改革方案，且作为政府下一步推进的既定方针，一方面有利于缓解社保收支困境，另一方面有利于弥补社保转制成本，同时，将本属于全民所有的国有资本回归全体民众所有、所享。但是，能否根本解决社保收支困境，值得进一步观察。

将社保费纳入增值税抵扣链条，一方面可以减轻增值税负担，进而降低企业税费负担，另一方面可以提高企业及职工有关社会保险的缴纳积极性。与此同时，对于政府来说，社会保险的收入增加能弥补增值税可能的减少所造成的“赤字缺口”，减轻一般公共预算对社会保险基金的补贴压力。对企业及职工来说，合规缴纳社会保险，有利于提高社会保险制度的公平性，从而实现多方的共赢。

实施社会保险费改税的过渡，回归“五险一金”的税收属性，从而应用税收原理，在降低“五险一金”缴纳比例的同时，提高“五险一金”的参保覆盖率及缴纳合规率，不仅能够实现企业及职工税负的切实减轻，而且可以缓解社会保险的收支压力，同时，应对国际税收竞争的挑战。

7.1　国有资本充实社保基金能否“降成本”

在制度性成本中，有关用工成本中的“五险一金”所造成企业及职工的负担过重，引起社会的广泛关注。一时间，降低“五险一金”缴费比例的呼声不断。与此同时，“五险一金”中的“五险”，作为社会保险重要组成的养老金“赤字亏空”议题，也引起包括政府、居民在内的各界的担忧。

阶段性降低“五险一金”的缴费费率，势必影响社会保险基金的预期收入，这可能造成本已收支紧张的社会保险基金的缺口进一步增大，财政负担进一步加重；对于此问题的解决，各界纷纷呼吁以国有资本充实养老金这一社保基金，以保障社会保险安全网的稳定。

社保基金到底运行如何？征缴收入可否与基金支出相平衡？养老金的“赤字亏空”情况到底如何？国有资本收益充实养老金等社保基金这一决策的可行性如何？本节便是围绕这些问题展开思考。

7.1.1 社保实际收支

如图 7.1 所示，从社保基金历年总收入与总支出中，可以看到 2003 年至 2016 年[①]的社保基金均有结余，并在累积结余中，呈上涨趋势。

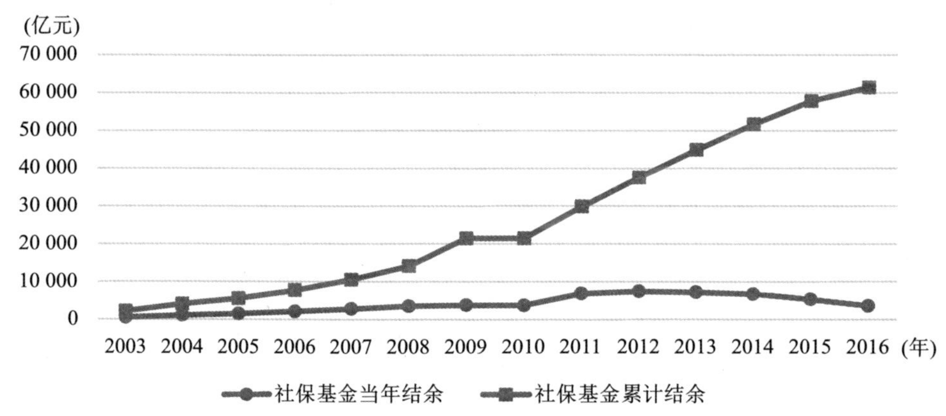

图 7.1 2003—2016 年中国社会保险当年结余及累计结余

资料来源：国家统计局。

从图 7.1 可见，尽管在近 14 年中，累计结余均呈现上涨趋势，但在当年的结余中，2003—2012 年呈上升态势，随后在 2012 年到达顶峰后，便一路下

① 2016 年“两会”审议的财政预算。

降，因此，导致累计结余上涨趋势放缓。

表 7.1　2003—2016 年我国社会保险基金收入（保费 + 财政补贴）与支出对比

单位：亿元

年份	2003	2004	2005	2006	2007	2008	2009	2010	2011	2012	2013	2014	2015	2016
社保基金收入	3 495	5 221	6 297	7 914	9 840	12 436	16 116	17 071	25 758	31 411	35 994	40 439	44 660	47 144
1. 保费收入	2 851	4 511	5 509	6 789	8 485	10 604	14 313	14 610	19 556	23 697	27 022	30 039	32 518	34 377
2. 财政补贴	551	591	668	960	1 111	1 445	1803	1 899	5 216	6 349	7 372	8 447	10 198	10 848
社保总支出	2 948	4 131	4 805	5 809	7 010	8 896	12 303	13 310	18 877	23 931	28 744	33 681	39 357	43 547
社保当年结余	548	1 090	1 492	2 105	2 830	3 541	3 813	3 761	6 881	7 480	7 250	6 758	5 304	3 598
社保累计结余	2 176	4 069	5 552	7 696	10 550	14 094	21 438	21 438	29 818	37 540	44 884	51 635	57 766	61 364
无补贴的收支	-97	380	704	980	1 475	1 708	2 010	1 300	679	-234	-1 722	-3 642	-6 838	-9 170

资料来源：国家统计局、财政部、人力资源和社会保障部。

如剔除历年一般预算收入中的财政补贴收入时，仅查看社会保险费收入与当年社会保险支出，趋势便有所不同。

如图 7.2 所示，之所以累计结余上涨趋势放缓，主要的原因有两个：一方面在于社保基金支出一路上涨；另一方面在于社会保险费用征收在近 3 年来，出现增长放缓趋势，如此一来，财政补贴收入作为社保基金缺口（支出与社保费收入之间差值）的重要补充，暂时得以维持社会保险基金的当年结余与累计结余。

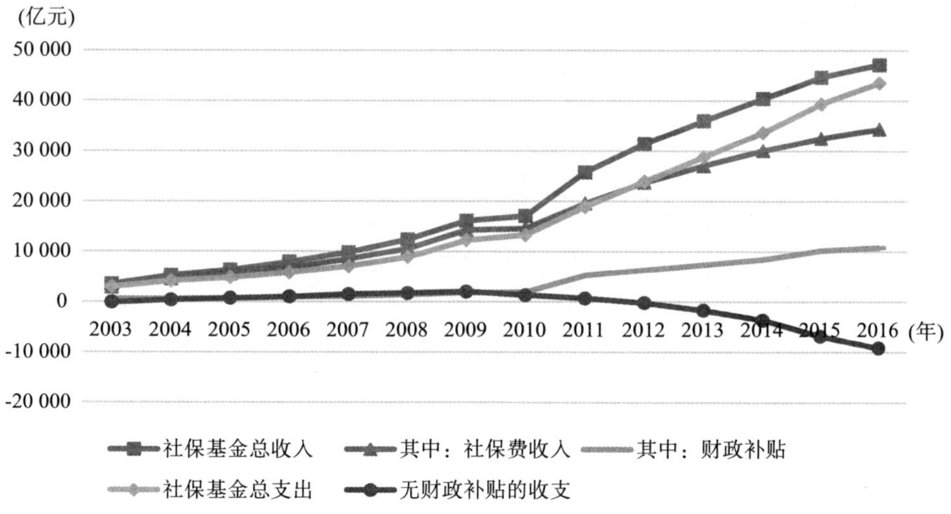

图 7.2　2003—2016 年我国社会保险基金收入与支出对比

资料来源：国家统计局。

但是，尤其需要注意的是，从表7.1可知，扣除历年财政补贴的社保实际收支在2009年出现顶峰后一路下降，2012年出现负数，并在2013—2015年呈现快速下降趋势。2016年财政预算显示，扣除财政补贴收入的社保基金实际收支缺口将到达9 170亿元。

7.1.2 赤字问题分析——以2014年为例

近5年，社会保险收支尽管历年皆有余额，但扣除财政补贴收入后，可以观察到，社会保险当年收支缺口增大。由此可以探究社会保险基金中的哪一部分险种的运行增加了社会保险的收支缺口。

以下，将2014年决算收支作为分析对象，略作探析（详见表7.2）。

表7.2　2014年全国社会保险基金收支决算情况总表　单位：亿元

项目（保险）	合计	职工养老	城乡养老	职工医疗	居民医疗	工伤	失业	生育
一、收入	40 439	23 273	2 343	7 854	4 477	671	1 380	439
其中：1. 养老保费	19 408	18 726	682					
2. 医疗保费	8 307			7 464	843			
3. 工伤保费	623					623		
4. 失业保费	1 285						1 285	
5. 生育保费	415						0	415
6. 财政补贴	8 447	3 269	1 524	70	3 562	18	0	5
7. 利息	1 295	804	87	227	55	25	86	11
二、支出	33 681	19 797	1 593	6 532	4 243	538	615	363
其中：1. 养老支出	20 582	19 045	1 537					
2. 医疗支出	10 498			6 422	4 075			
3. 工伤支出	527					527		
4. 失业支出	233						233	
5. 生育支出	355							355
三、本年结余	6 758	3 476	750	1 323	234	134	765	76
四、滚存结余	51 635	30 376	3 854	9 183	2 086	1 107	4 453	577
（无补贴）收支	-2 156	-319	-855	1 042	-3 232	96	1 052	60

资料来源：财政部。

如表 7. 2 所示，我们仅选取 2014 年全国社保基金收支决算情况，在所列的 7 个险种中，占财政补贴比例前两位的是“城乡居民医疗保险基金”以及“城镇企业职工养老保险基金”，分别可以占到总财政补贴接近 80%。再查看假设没有财政补贴收入时各社会保险险种的运行情况：“城乡居民医疗保险基金”赤字亏损最大，约为 3 232 亿元；其次为“城乡居民养老保险基金”，其亏损为 855 亿元；此外，还有“城镇企业职工养老保险基金”排名第三，当年赤字亏损为 319 亿元。

以上保险险种的亏损是造成财政补贴压力增大的主要原因，也是社会各界担忧的缘由。但是，当前企业与职工的社会保险负担已过重，因为企业与职工贡献的社保基金收入占绝大部分，亟待切实降低“城镇企业职工基本养老基金”“城镇职工基本医疗保险基金”“失业保险”等险种基金的赤字率。

因此，近年来，学界提出“国有资产充实社保基金”的构想，肇始于 1998 年国有企业改革中遗留的“现收现付”制度，其中所蕴含的转制成本导致社会保险基金中“城乡居民医疗保险基金”“城乡居民养老保险基金”的赤字亏损率最高。

具体在于当年国有企业秉持以“重积累、轻消费”的计划经济分配原则，导致职工社保分配较低，甚至部分国有企业在运营过程中并没有为职工缴纳社保，但在 1998 年国有企业大规模改制后，其职工享有领取职工退休养老保险的资格，所以学界称之为国有企业转制成本，而这一成本的承担者是当前正在缴费的企业及就业职工。

7. 1. 3　国有企业运行实际状况分析

面对当前近万亿元的社保基金亏空（扣除财政补贴负担这一部分），并且呈飞速上涨趋势，因此，查看国有企业的资产包括净资产以及利润，尝试弥补因社保亏空巨大而不断增加的财政负担（见表 7. 3）。

表 7. 3　　2008—2015 年我国国有企业经营状况及国有资本预算收入情况

单位：亿元

年份	2008	2009	2010	2011	2012	2013	2014	2015
营业总收入	210 502. 3	225 087. 3	303 253. 7	367 855	423 770	464 749. 2	480 636. 4	454 704
实现利润	11 843. 5	13 392. 2	19 870. 6	22 556. 8	21 959. 6	24 050. 5	24 765. 4	23 027. 5

续表

年份	2008	2009	2010	2011	2012	2013	2014	2015
资产	416 219.2	514 137.2	640 214.3	759 082	894 890	911 038.6	1 021 188	1 192 049
负债总额	250 008.4	315 416.9	406 043.2	486 091	575 135	593 166.5	665 558.4	790 671
所有者权益	136 132.2	163 319.5	194 809.8	304 822	372 197	317 872.1	355 629.4	401 378
国有资本收入	443.6	988.7	421	558.7	970.83	1 651.36	2 023.44	2 560
净资产收益率	9%	8%	10%	7%	6%	8%	7%	6%

资料来源：财政部及历年《中国财政年鉴》。

考虑到国有资本经营预算收入已在近年来作为弥补社保基金收入中的“财政补贴”的一部分，因此，目前应当考虑以当前的国有净资产约 40 万亿元充实社保基金亏空，并将每年产生的净资产收益——利润作为弥补社保基金进一步亏空的保障。但是，国有企业在近年来的利润呈现不断下降的趋势，并在 2010 年之后，净资产收益率也呈现不断下降趋势（见表 7.4）。

表 7.4　2008—2016 年我国国有企业利润及净资产与社保基金运行情况对比

单位：亿元

年份	2008	2009	2010	2011	2012	2013	2014	2015	2016
国有资本预算收入	444	989	421	559	971	1 651	2 023	2 560	2 294.7
国有企业实现利润	11 844	13 392	19 871	22 557	21 960	24 051	24 765	23 028	23 157.8
国有企业所有者权益	136 132	163 320	194 810	304 822	372 197	317 872	355 629	401 378	446 797.2
国有资本收入×30%	133	297	126	168	291	495	607	768	688.41
国有企业利润×30%	3 553	4 018	5 961	6 767	6 588	7 215	7 430	6 908	6 947.34
无补贴的社保收支	1 708	1 789	1 300	679	-234	-1 722	-3 642	-6 838	-9 170

资料来源：财政部及历年《中国财政年鉴》。

7.1.4　可行性结论

亚当·斯密在《国富论》“论君主或国家的收入”一章中指出，公共资本（国有资本的别称）以及土地，不应该作为文明国家的财政收入来源①。与此同时，斯密给出了这方面的原因：国有资本的运营，往往导致大于私人资本的

① ［英］亚当·斯密：《国富论》，郭大力、王亚南译，北京：商务印书馆 1983 年版，第 383 页。

浪费，而国有资本的运行者往往由于预算软约束无法进行财务问责，从而加剧公共资金的浪费问题①。

以 2015—2016 年社保基金（没有财政补贴情况下）亏损情况为例，近年来，国有企业的利润便可以弥补当年社保赤字。可是，中国老龄化社会的到来，意味着养老及医疗保险基金支出将快速上涨。同时，年轻劳动力供应的下降，意味着养老基金以及医疗基金的部分，尤其是“城镇企业职工基本养老基金”“城镇职工基本医疗保险基金”“失业保险”的贡献将上涨缓慢，因此，社保基金收支缺口依然很大，财政补贴负担将有增无减，并挤占一般公共财政预算支出。

另外，尤其值得注意的是，国有企业的净资产收益率不断下降，每年可补充的国有企业利润作为社保基金缺口显得较为有限并日趋紧张，如此以国有企业的净资产或当年利润充实社保基金在短期内较为可行，同时，有利于弥补当年由于国企自身转制所造成的社会养老、医疗负担。但是，在长期内，依然存在较大的收支缺口风险。

7.2　“五险一金”可否作为增值税进项抵扣

当前，社会保险基金收支紧张：一方面，随着中国老龄化社会的到来，社会保险基金尤其是医疗、养老方面的支出不断增长；另一方面，在经济新常态下，经济增速放缓，企业盈利能力下降，用工成本增加，职工社会保障覆盖率及保障水平难以提升。

因此，如何缓解社会保险基金收支紧张的问题，便成为当下中国急需解决的一项课题。

中央政府多次明确“阶段性降低‘五险一金’缴费费率”，掌握费率调节权力的各地方政府部门虽略有调低养老及工伤保险缴费费率，并实施生育与医疗保险合并等举措，但长期来看，社会保险收入依然不容乐观，社会保险基金支出紧张局面难有缓解，财政补贴数额亦将不断增加，财政压力将同时

---

① ［英］亚当·斯密：《国富论》，郭大力、王亚南译，北京：商务印书馆 1983 年版，第 378 页。

加重。

因此，近期有学者（周凤珍，2017[①]）研究提出，社会保险缴费成为企业税费负担的重要组成部分，随着“营改增”的全面推开，利用政府部门提供的企业社保缴纳票据进入增值税进项抵扣链条，可进一步降低企业税费，同时，由此引起的减税规模，在当前尚处于财政可承受能力范围之内。

7.2.1 以工资为税基的重复征税

近年来，随着抵扣项如固定资产折旧的加入，增值税的税基变为当前的“利润+租金+工资”，即增值税以增加值作为税基进行征税计算，而职工的工资作为企业增加值的一部分，也在增值税环节对其进行课征。

另外，“五险一金”，尤其是企业配套缴纳的部分，亦可以看成对职工工资的征税行为（世界银行称之为“劳务税”）；加之企业以工资为税基的工会强制性缴费以及残保金，可以说存在较为严重的多重征税问题，导致了企业税负的增加、用工成本的上涨，一方面，不利于就业的扩大，影响中国的就业率，另一方面，不利于职工可支配收入的提高。

7.2.2 减轻企业税负的必要性

在世界银行每年公布的纳税（paying tax）报告中，中国的“五险一金”，无论在“总税率”（total tax rate）构成还是在各地企业税费负担排行榜中，均位居前列。

如在2018年世界营商报告中，中国企业税负的“总税率”（total tax and contribution rate）为67.3%，排名经济体第12的高位，其中，劳务税即“五险一金”占比最大。

另外，在对北京与上海两地的企业测算中，上海的“五险一金”占同期商业利润的比重仅次于增值税占同期商业利润的比重，分别为47.64%与47.67%，第三位的企业所得税则远低于前两者，为7.76%；北京的“五险一

① 周凤珍、武玲玲：《企业社会保险费纳入增值税抵扣范围的思考》，《税务研究》，2017年第2期，第99—102页。

金”占同期商业利润的比重，高于增值税占同期商业利润的比重，分别为 48.68% 与 47.67%，而排在第三位的企业所得税，也远低于前两者，为 7.61%。由此可见，企业税负的重要构成是“五险一金”。

因此，须要直面现实的困难，当企业的用工成本跟随“五险一金”水涨船高时，与此同时，员工对于“五险一金”制度的满意度并不高，宁愿从企业获得现金收入。以上两个因素导致社会保险法的规定形同虚设。

“财散则人聚”，企业为增加竞争力，一般愿意提高职工福利待遇如“五险一金”，同时，这一做法符合《社会保险法》的要求。因此，如何提升企业及职工的积极性，成为政策制定者尤其注意的关键考量因素。

因此，工资中的“五险一金”，尤其是企业配套缴纳的“五险一金”，如果能够作为增加值的进项抵扣，将使企业的增值税负担减轻，符合当前企业税负减轻的政策初衷，哪怕客观上导致政府的增值税收入减少。

7.2.3 “五险一金”抵扣所影响的企业税负

（1）企业合规（足额、足员）缴纳“五险一金”。X_0为企业的用工成本支出（主要为工资支出），因此，企业在“五险一金”方面配套缴纳支出为 $X_0 \times 40.7\%$[①]；在实行“五险一金”进项抵扣时，企业进项税额抵扣的“五险一金”部分为 $X_0 \times 40.7\%$，因此，企业的增值税支出由此减少：

$$X_0 \times 40.7\% \times 17\% \tag{7.1}$$

（2）企业非合规（不足额、不足员）缴纳“五险一金”。X_0为企业的用工成本支出（主要为工资支出），因此，企业在“五险一金”方面配套缴纳支出为 $X_0 \times 40.7\%$[②]；在实行“五险一金”进项抵扣时，企业进项税额抵扣的“五险一金”部分为：

$$(X_0 + X)\ 40.7\% \times 17\% \tag{7.2}$$

企业的增值税支出由此减少：

$$(X_0 + X)\ 40.7\% \times 17\% \tag{7.3}$$

与此同时，企业增加“五险一金”支出为：

---

① 以杭州市 2015 年企业配套缴纳的“五险一金”缴费费率为例。

② 同上。

X×40.7%　　　　(7.4)

因此，企业的税负增减变动如下：考虑到企业所增加的用工成本，其“五险一金”增加的支出均可以作为进项抵扣，职工利益“五险一金”由此增加，企业增值税税负由此减少。

7.2.4 “成本—收益”视角下的激励效应

米塞斯在《经济政策——对当下及未来的思考》中提到“美国的政策并非处处为他国值得学习（发达国家也有亟需改进的经济政策），但相对发达的国家对于一个坏的政策的承受能力将要好于一个发展中国家”[①]。

回归“五险一金”这一社会经济政策制定的初衷，在人人老有所养、病有所医、住有所居的理想社会中，养老、住房、医疗等事关个人切身利益，唯有个人最为了解个体的利益取向，因此，如何将当下社会保险所代表的医疗、养老等权利归还个人，使无论企业还是个人都有参与或不参与“社保”的自由权利，而非强制执行，这对于经济效益的提升将大有裨益。同时，米塞斯在“资本主义”一章中，认为“自由应包含犯错误的自由”，这句话不仅适用于消费者，同样适用于养老、医疗等消费品的购买者。允许消费者有选择的权利，这远比由所谓无所不能的计划型政府统领一切要更有效率，纵然选择失败，个人所付出的代价更小。

人们加入社会契约的表现之一便是人们承担纳税义务，近似于产品的自愿交换，获得的福利有所增加[②]。另外，在法律的制定及执行过程中，政府及民众亦应遵守纳税同意原则[③]，尤其对于财政方面的征税，必须经过公民及其代表的授权同意[④]。

综上所述，无论是同意原则还是交易原则，纳税人通过纳税可以得到福利的提升，这是问题的关键，即在成本—收益比的过程中，理性、自利的个体感觉“获利”。

当前，“五险一金”的缴纳者——企业及职工，普遍感到“五险一金”相

① Mises. Economic Policy: Thoughts for Today and Tomorrow, Foreign Investment: 85.

② ［法］让·雅克·卢梭：《社会契约论》，李平沤译，北京：商务印书馆2011年版，第41页。

③ ［英］约翰·洛克洛克：《政府论》，瞿菊农译，北京：商务印书馆1982年版，第78—89页。

④ 同上。

关制度性价比不高，由此导致制度的遵从度较低，逃费、欠费等现象较为严重。将“五险一金”引入增值税抵扣链条，一方面可以减轻企业负担，提升企业的缴纳积极性，另一方面也有利于保障职工的社会保险权利，促进社会保险制度的可持续运行。

7.3　社会保险费改税问题研究

党的十九大报告指出，过去 5 年，在民生方面，社会保障体系不断完善并基本建立，但为实现社会主义现代化目标，尤其需要注意到覆盖率的提高、城乡统筹、权责清晰、保障适度以及财务方面的可持续，从而实现社会保障领域的依法行政与公民社会保险权的依法保障。

在法治社会中，尤其要关注“权力”与“权利”的界限。以社会契约为基础，国家权力是公民权利的让渡，在财产方面尤以税收为典型代表。税收作为财政收入的主要构成，是公民最认可的让渡形式，财产让渡的合理性、公平性影响一国的投资吸引力。

现阶段，我国社会、经济发展企稳，为投资提供了较为安全的环境，但是，制度性负担——投资所承担的税费等成本，较美国、欧洲而言居高不下，尤其美国大规模减税方案已获通过，国际税收竞争更加激烈。建立健全的投资保障制度是增强我国竞争力的必然要求，其中，合理确定制度性成本显得尤为迫切，也是各国投资者最关注的问题之一。

在社会保险领域，作为中国企业的负担之一，流转税、所得税等各项税以及社会保险费——“五险一金”均属于制度性成本，但“五险一金”仍以“费”的形式由各地方不同部门征收，在其实际运行过程中产生了不小的问题，亟待解决。因此，本章通过文献梳理、实地企业调研，并结合国际经验，从交易成本角度分析社会保险征缴模式变更为“税”的必要性、可行性及紧迫性。

7.3.1　国内外背景

当前，全球税收竞争日趋激烈，以美国为代表，其矢志减税的税改在稳步推进。国会参众两院表决通过 2018 年联邦预算，紧接着，众议院表决通过税改法案，都为特朗普税改承诺的最终实现奠定坚实基础。由此，可能引起对包括中国在内的全球资本、技术的影响，不可忽视。

国内方面，尽管近年来结构性减税如“营改增”全面推进，“降成本”、减轻非税负担等方法也如火如荼地进行。但调研发现，当前实体经济的税费负担依然不轻。尤其是近年来，随着劳动力制度性交易成本的增加，导致劳动力价格上涨，企业家的投资回报率锐减，进而冲击着本国的就业、工资增长等民生福祉。

在此背景下，本章聚焦“五险一金”（以“社会保险”作为代称）这一专题，在国家治理现代化的进程中，从税负视角入手，探析社会保险未来改革的费改税路径，以及作为公共政策之一，拟实现的三个目标：第一，确立社会保险税，健全社会保险制度；第二，降低社会保险税率，减少劳动力制度性交易成本，进而减轻企业及职工税负；第三，增加企业利润，扩大社会就业创业，在国际税收竞争中保持优势。

以上第一、第二点为重中之重，第三点追求前两点基础上的水到渠成，即通过考察社会保险这一成本的主要承担者——企业及其职工，探讨社会保险制度对企业及职工的相关影响，针对当前“五险一金”这一缴费模式的诸多弊端，通过推动“五险一金”筹资方式的费改税转变，进而提升社会保险制度的性价比，实现完善制度的目的。

那么，要探究以“五险一金”为代表的社会保险制度对国民经济究竟有哪些影响，不妨先从民间固定资产投资说起。

民间固定资产投资是民间活力的重要象征，尤其对于民营企业家来说，出于逐利的第一目的，对各个行业甄别投资，唯有具备比较合适的投资回报率才能持续激励企业家的投资及其扩大再生产。

从图 7.3 可知，民间固定资产投资累计增速自 2012 年 3 月至 2017 年 9 月呈现阶段性下降趋势，尽管在 2017 年 2 月、3 月稍有抬升，但与 2012 年相比，依然处于较低水平。由此，不难推断出，投资回报率的降低是民间固定资产投资下滑的重要因素之一。当然，导致投资回报率下跌的原因众多，那么在制度成本方面，究竟是哪些方面影响着投资回报率呢？

利用不含社保费的财政收入（税收与非税收入之和），即一般公共预算收入，与同期 GDP、社保缴费年收入增速进行比较。

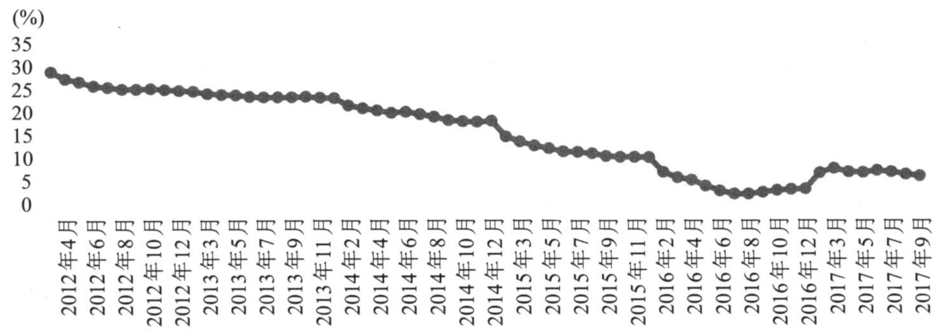

图 7.3　2012—2017 年我国每月民间固定资产投资累计增速

资料来源：根据统计局数据整理。

如图 7.4 所示，2004 年至 2016 年，排除个别年份如 2010 年、2007 年，其余绝大多数年份，社保费收入增速明显高于财政收入增速，而财政收入增速一直高于 GDP 增速。由此可见，在国内生产总值的“蛋糕”中，政府所占的财政收入部分增长率超过国内生产总值，且社保费收入这一当前独立于一般公共预算收入之外的“准税收”收入，其增长速度也超过财政收入增速。

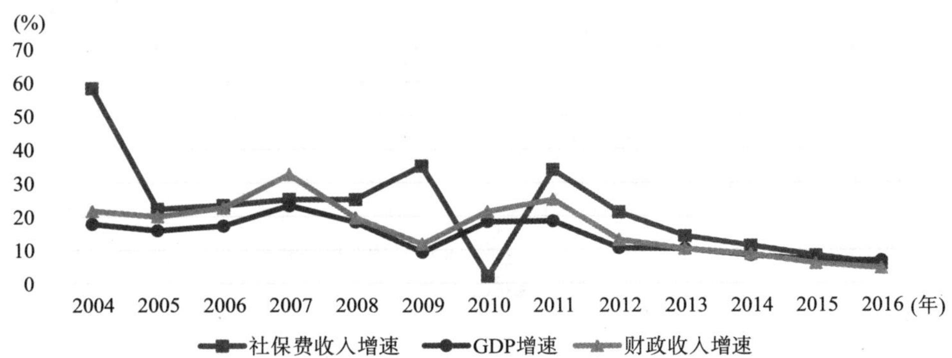

图 7.4　2004—2016 年我国社保缴费、财政年收入与 GDP 增速情况

资料来源：根据统计局数据整理。

一方面，“五险一金”引致劳动力成本增加，致使投资成本增加，企业同期利润下降，民间投资受到抑制，利润下降也影响职工工资增长。

另一方面，“五险一金”造成职工可支配收入的减少（个人代扣代缴部分），进而导致市场消费需求减少，企业扩大再生产受到抑制，职工工资进一步受到影响，市场消费需求进一步减少。如此循环往复，拖累经济增长，影响居民收入的提高。

那么，对于“五险一金”这一成本问题该如何处理，本书认为，应该首先从对现实问题的探讨开始。

7.3.2 征缴中的现实问题

近两年，“五险一金”的缴费费率尤其是失业保险缴费费率略有下降①，但是，由于各地方缴费基数②逐年提高（如图7.5），且远高于“五险一金”阶段性降低幅度，所以“五险一金”作为企业的用工成本依然在加重。

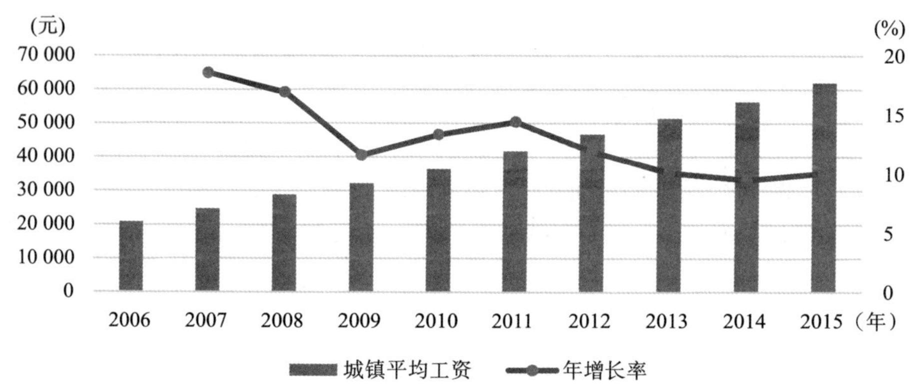

图7.5 2006—2015年我国城镇平均工资及年增长率

资料来源：根据统计局年度数据整理。

假设A为当地社会平均工资，且每年以10%的增速上涨，B为当地社会保险缴纳比例，C为当年社会保险缴纳负担，为使社会保险缴纳负担下降，B的变化如下：

$$A \times B = C \tag{7.5}$$

$$A\ (1+10\%)\ (B-X)\ \leq C \tag{7.6}$$

根据以上两式可得：

① 2016年5月1日起两年内，失业保险费率由现行2%阶段性降至1%—1.5%，其中，个人费率不超过5%。

② 根据各地方社会平均工资变动而浮动，即缴费基数不高于社平工资的3倍，不低于社平工资的60%。

$$X \geqslant B\frac{1}{11} \tag{7.7}$$

因此可得，B 每年需要下降的缴费比例须要不低于$\frac{1}{11}$（约 10%），才能使社会保险负担减轻。在现实中，各地缴费比例下降程度远小于理论测算，各地方企业所反映的社会保险支出负担依然沉重。

那么，社会保险成本究竟占企业成本多大比重，本章将以上市公司这类规范企业为例进行说明。

（1）规范企业负担沉重。除外资、上市企业等规范企业之外，大部分企业不愿意按照员工真实工资（应发工资）缴纳“五险一金”。因此，对于“五险一金”的真实缴纳情况以及企业具体的用工负担，通过观察上市公司，可以提供较为可靠的运行参照。本节对青岛啤酒有限公司（以下简称“青岛啤酒”）这一上市公司近 10 年的情况做简要分析（见表 7.5）。

表 7.5　青岛啤酒有关收入成本及社保费用的情况　单位：亿元

年份	营业收入（亿元）	营业成本（亿元）	利润（亿元）	应付短期薪酬（亿元）	短期薪酬/利润（%）	社保费用（亿元）	社保费用/利润（%）	社保费用/短期薪酬（%）
2016	261.06	152.65	108.41	29.53	27	9.47	9	32
2015	276.35	171.92	104.43	27.94	27	8.94	9	32
2014	290.50	179.00	111.50	26.80	24	7.85	7	29
2013	282.91	170.08	112.83	24.14	21	6.6	6	27
2012	257.82	154.34	103.48	20.95	20	5.71	6	27
2011	231.58	134.17	97.41	17.19	18	4.87	5	28
2010	198.98	112.34	86.64	14.86	17	3.83	4	26
2009	180.26	102.85	77.41	13.11	17	3.38	4	26
2008	160.23	95.09	65.14	11.32	17	3.01	5	27

资料来源：青岛啤酒 2008—2016 年年报。

表 7.5 反映了从 2008 年到 2016 年青岛啤酒营业总收入和总成本情况：2008 年，营业收入是 160.23 亿元，而到 2016 年时，达到了 261.06 亿元，增长了 62.93%；营业成本从 2008 年的 95.09 亿元增长到 2016 年的 152.65 亿

元，增长将近60.53%；应付短期薪酬[1]在2008年是11.32亿元，到2016年时已经达到了29.53亿元，增长了将近160.87%。由此可知，近年来，青岛啤酒用于职工薪酬福利方面的投入较大，且增长速度远远超过同期利润的增长速度。

在用工成本的具体构成中，社保费用从2008年的3.01亿元增长到2016年的9.47亿元，年平均增长率为15%，社保费用与企业利润之比从2008年的5%增长至2016年的9%。

社保费用与应付职工短期薪酬之比，体现了用工成本中的制度性交易成本。在表7.5中，社保费用与短期薪酬之比从2008年的27%增长到2016年的32%，即企业用工成本中约有1/3用来缴纳“五险一金”，且企业负担的社保费用比重整体呈现快速上升的趋势。

（2）缴纳标准各异。评判企业社保缴纳的标准主要有两方面——缴费基数和参保人数。缴纳社保费的主体是企业和职工，本节主要讨论两者在遵从度上所反映的缴纳标准问题。用工成本由公司及个人（由公司代扣代缴）缴纳的“五险一金”支出、“个人所得税”及“实发工资”三部分构成。

对于企业来说，合规缴纳社保费在企业用工成本中将占据较大的比重。对此，多半企业采取减少参保人数和降低缴费基数的方法来减轻社保负担。如2017年《中国企业社保白皮书》显示，“五险一金”缴纳基数合规企业比例不足1/4，约20%的企业参照当地最低基数缴纳，还有约20%的企业按其协商基数缴纳，另外约10%的企业参照基础工资缴纳。

与此同时，在各地方调研时，发现社保应交金额，据当地政策不同，各类型的企业缴纳标准各不相同，如下：

社保应交金额=缴费基数×缴费费率

①缴费基数=最低工资（2 080元）×35%（制造行业）

②缴费基数=最低工资（2 080元）×100%（销售行业）

③缴费基数=（销售额×12%）×35%（某劳动密集型企业）

据以上计算方法，可以发现各类型企业缴纳基数不一，均非应发工资，以降低社会保险的成本负担。

另外发现，对于企业来说，提供“五险一金”并非《社会保险法》规定

---

① 短期薪酬包括工资、奖金、津贴和补贴等。

的义务，而是作为职工福利的竞争优势；劳动者尤其是外来进城务工者，其“五险一金”缴纳观念淡薄，在与企业谈工资、合同时，更为在乎的是每月实发工资，而非“五险一金”。

7.3.3 国际比较

如上所述，在中国，规范企业社会保险负担较大，且呈现逐年增加的态势。那么，中国的“五险一金”缴费率在国际上处于怎样的位置，对其商业利润又产生怎样的影响，本章将对此展开论述。

社保缴款来源于雇主和雇员的收入，对同期企业利润和个人的可支配收入产生影响。以世界银行、OECD以及中国政府部门发布的数据为依据，本章围绕社保缴款率、占税收收入比重、对商业利润的影响等方面进行探讨。

(1) 社保缴款率比较。以职工工资为基数的社保缴款率，反映了职工的社保负担。雇主缴纳部分和雇员缴纳部分最终都来源于职工对企业的贡献，将职工即时劳动获得的报酬分为两个部分：当前可支配收入和远期返还收入(即社会保险)，社保缴款率越高，职工可支配收入就越少，抑制当期的消费。

在图7.6中，中国60%的平均社保缴款率（雇主及雇员“五险一金”比例之和)，远高于德国的40%、美国的15%以及OECD国家平均值的27%。中国的社保缴款率在世界范围内处于较高水平，这将构成企业用工成本的一部分，影响同期企业利润，在国际竞争中处于不利位置。

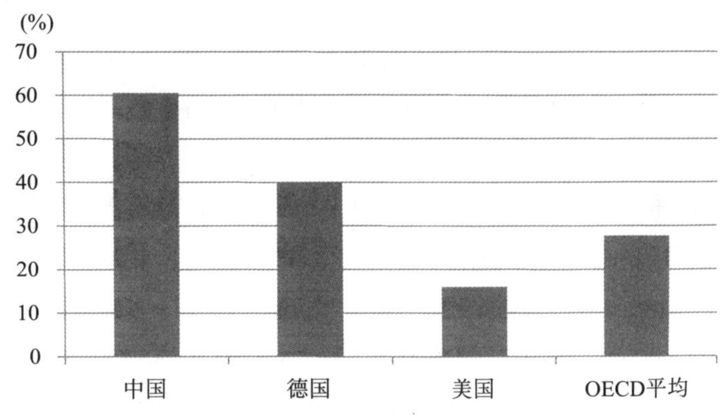

图7.6 社保缴款率国际比较

资料来源：根据OECD数据整理。

（2）占税收的比重。较高的社会保障缴款率是否带来较高的税收收入占比，本章也努力解答这一问题。社保缴款率较高的国家，其占税收的比例往往较高。但是，尽管中国非社保缴款率较高，但其占税收收入比例不高。从图7.7可见，自2010年起中国在这方面呈逐年提高趋势，仍然远低于德国、美国以及OECD的平均值。

究其原因，考虑到上一章中论及的有关中国社会保险中的现实问题，尤其是缴纳标准各异、遵从度不一、覆盖率以及合规性低、缴费基数的不合规，导致中国社会保险收入在税收收入中的占比远低于其他国家。

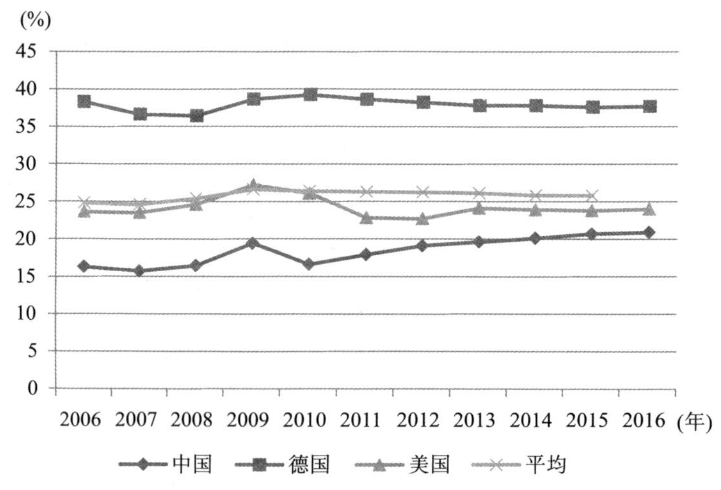

图7.7　2006—2016年各国社会保障缴款/税收收入

资料来源：根据OECD、国家统计局、财政部、人力资源和社会保障部官网数据整理。

这也说明，在国际对比中，对于中国的社会保险收入占税收收入比重低这一问题，恰恰不应提高社会保险缴费率，而是应该从降低缴费率以及提高遵从度两方面入手。

（3）“总税率”。企业遵从度高与低的表象背后，是其税费负担的轻与重。查看世界银行“总税率”指标，来对比中国的企业总税率在国际中的位置（详见图7.8）。

2013—2017年，中国在该项指标上保持平稳中有略微下降趋势，但相比于美国、德国以及世界平均水平，中国的比例仍处在较高的位置。较高的“总税率”意味着境内的企业承担较重的税费负担，这导致国内企业在国际竞争中处于不利的位置。

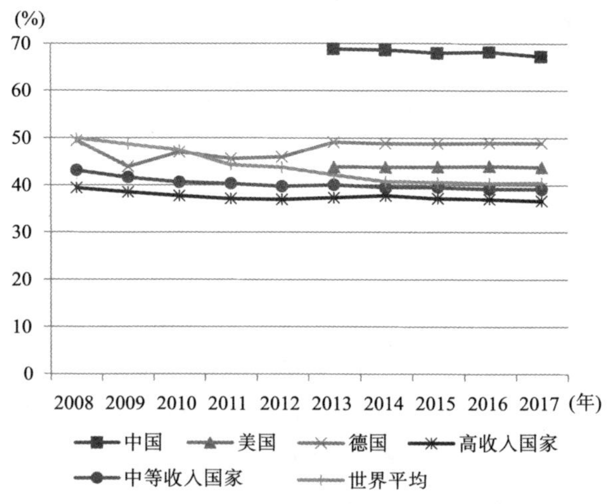

图 7.8 2008—2017 年总税率国际对比

资料来源：根据世界银行数据整理。

（4）劳动税占商业利润比重。在世界银行的统计数据中，劳务税（labour taxes）对应中国的“五险一金”，反映企业所缴纳的“五险一金”占同期商业利润的比重。

从图 7.9 看，2013 年至 2017 年，我国该项指标虽然处于下降趋势，但是总体负担仍然较重，且远大于美国、德国以及中高收入国家的平均值。

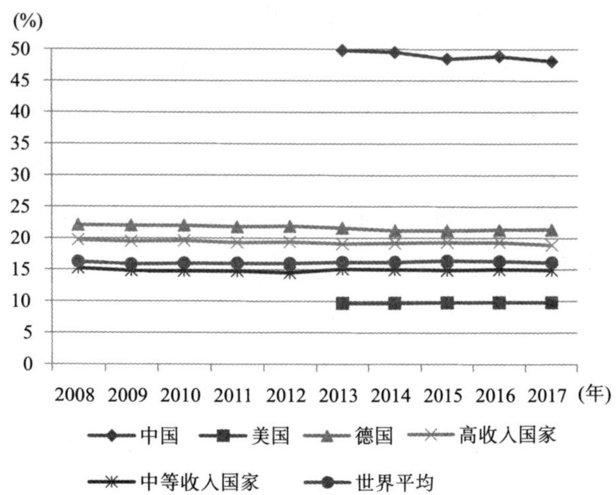

图 7.9 2008—2017 年劳务税占商业利润比重国际对比

资料来源：根据世界银行数据整理。

本小节从社保缴款率、社保占税收收入比重、总税率以及劳务税占商业利润的比重等四个方面展开梳理，可见中国当前虽然社会保险缴款率高，加重企业的税费负担，但是，由于制度自身的激励性不够，企业及职工对此的遵从度不高，导致中国的社会保险收入占税收收入反而处于较低水平。

7.3.4 精算平衡

伴随着中国社会老龄化的到来，社会保险尤其是养老、医疗方面的支付压力加大。近年来，部分地区养老金的收支压力凸显，根据公开数据显示，养老金当期收不抵支的省份增多，一般公共预算负担增加。党的十八届三中全会提出，养老保险实行全国统筹，并落实精算平衡，即考虑到当地人均工资增速、老龄人口支出比例、社保收入增长速度、社保自身投资收益预期等多方面因素，并根据上述情况，按照一定程序调整缴纳比例及支付比例，以实现财务的可持续性①。因此，社会保险税的精算平衡须坚持“以支定收”的原则。“以支定收”要求在市场经济及社会公共需要的基础上，确定社会保险的支出需要，根据支出需要来确定收入规模。

“以支定收”从宏观方面来说，是要保持社保基金的财务平衡，以及老年人口的养老待遇不断提高；从微观方面来说，社保征收不影响私人投资及消费的市场运作，并提高企业及职工参保积极性②。也就是说，社会保险基金的收支要能够最大效率地发挥社会保障作用，与此同时，社会保险税征收时要兼顾到企业职工的税负成本，维持社会保险的可持续性。

（1）既往缴纳遵从度。上述章节分析了中国社会保险缴纳存在缴纳标准不一继而凸显制度不公平的问题，那么从缴费基数考虑，具体表现如何，这是本节要试图展开分析的。在表 7.6 中，社会保险税理论年收入计算，采用的是城镇居民的平均收入乘以城镇就业人口，作为城镇居民社会保险缴纳的税基。缴纳比例方面以浙江省 2015 年的“五险”缴费费率为代表，而社会保险税的实际年收入采用社会保险费收入值。由此得出，社会保险缴纳金额的实际占理

---

① 楼继伟：“财税改革与国家治理”，http：//new. qq. com/cmsn/20150322026993，2015 年 3 月 22 日。

② 楼继伟：“建立更加公平更可持续的社会保障制度”，http：//theory. people. com. cn/n1/2015/1216/c40531 –27933791. html? st_ type = null，2015 年 12 月 16 日。

论比值为 44.4%—63.8%，平均缴纳遵从度为 51.6%。

其中，计算公式如下：

社会保险税理论年收入 = 城镇工资总额[①] × 税率[②]

社保缴纳遵从度 = 社会保险费实际收入/社会保险税的理论年收入 ×100%

表 7.6　　社会保险缴纳遵从度测算表 1

年份	城镇非私营企业就业人员工资总额（亿元）	城镇私营企业（含个体）就业工资总额（亿元）	税率（%）	理论年收入（亿元）	实际年收入（亿元）	遵从度（%）
2009	62 029	40 410	39.2	22 447.2	10 604	63.8
2010	56 360	39 310	39.2	27 269.7	14 313	53.6
2011	51 483	38 240	39.2	35 301.2	14 610	55.4
2012	46 769	37 102	39.2	42 811.1	19 556	55.4
2013	41 799	35 914	39.2	54 987.3	23 697	49.1
2014	36 539	34 687	39.2	64 441.5	27 022	46.4
2015	32 244	33 322	39.2	73 373.5	30 039	44.3
2016	28 898	32 103	39.2	82 154.2	32 518	44.4

资料来源：根据国家统计局数据整理。

从表 7.6 可见，各年遵从度平均为 50% 以上，且遵从度在近年来不降反升，这显然与现实企业调研结果相违背，且远高于现实企业及职工缴纳的遵从度。究其原因，一定程度上在于理论年收入测算过程中使用的城镇私营以及非私营单位职工年工资总额可能偏小，忽视农村个体及乡镇企业职工工资收入规模，导致理论年收入偏小，故而使遵从度偏大。

因此，借助国民经济核算实物交易中的劳动者报酬（含国内及国外；国内包括非金融企业、金融企业、政府以及住户之和），以此为税基反映出更贴切的遵从度，见表 7.7。

---

① 城镇工资总额 = 城镇私营就业人员（包括私营企业与个体就业人员）+ 非私营就业人员的工资总额。

② 理论税率计算以我国浙江省 2015 年的“五险”的缴费率作为全国平均值的代表。

表 7.7　　社会保险缴纳遵从度测算表 2

年份	劳动者报酬（亿元）	税率（%）	理论年收入（亿元）	实际年收入（亿元）	遵从度（%）
2006	106 554.74	39.20	41 769.46	6 789	16.25
2007	128 108.49	39.20	50 218.53	8 485	16.90
2008	150 701.73	39.20	59 075.08	10 604	17.95
2009	167 098.09	39.20	65 502.45	14 313	21.85
2010	190 967.99	39.20	74 859.45	14 610	19.52
2011	222 528.35	39.20	87 231.11	19 556	22.42
2012	256 676.81	39.20	100 617.31	23 697	23.55
2013	299 072.28	39.20	117 236.33	27 022	23.05
2014	328 602.76	39.20	128 812.28	30 039	23.32
2015	357 432.03	39.20	140 113.36	32 518	23.21

资料来源：根据国家统计局数据整理。

计算公式：

社会保险税理论年收入 = 劳动者报酬①×税率②

社保缴纳遵从度 = 社会保险费实际收入/社会保险税的理论年收入 ×100%

从政府角度来看，目前存在的征收问题有 3 点：一是当前各地社会保险缴费基数由各地社保部门核定，以各地平均工资为标准，因而征收起点低；二是各地方社保及税务部门征收执行力打折扣，欠缴企业、未登记申报企业和未及时足额缴纳企业较大范围地存在；三是各地的缴费基数标准口径不统一、不平衡，标准缺乏科学性、公平性。

从企业及职工角度来看，我国社会保险缴费率高，如果企业严格遵照缴纳规定，高额的制度成本使得大多数中小企业负担沉重，从而影响企业的当地利润及其市场竞争力。社保制度当前存在的诸多现实问题导致社保制度的性价比不高，职工无法真正全面地享受到社保待遇，职工自身的缴费意愿并不高。

因此，要实行社会保险费改税，建立一个全国统一的社会保险体系，明确征缴主体、征收范围、统一缴税基数标准和税率标准，实现社会保险的全国统筹。保障社会保险税征缴和缴税基数管理的法律刚性，适当减轻企业负担，以

① 劳动者报酬指在核算期内单位按劳动者在生产活动中的贡献支付的各种形式的报酬，包括税前工资、奖金、福利费、各种补贴、津贴、实物报酬、劳动者应付社会缴款以及单位为劳动者缴纳的社会保险费等。

② 理论税率计算以我国浙江省 2015 年的“五险”的缴费率作为全国平均值的代表。

维持社保制度的可持续性，保证缴税单位享受相对公平的规则环境。

（2）未来十年测算。社会保险税可以调节分配格局、缩小收入差距、促进社会公平、保证社会福利，但是，社会保险税率过高会加重企业和职工的生活负担，出现企业因“用工难、用工贵”甚至制度成本太高而缩小企业规模、倒闭等问题，进而引发职工失业、就业率下降等社会问题，反过来减损社会福利。

所以，设定科学合理的社保税率尤为关键，既能增加社会保险税收入，确保社保基金收支的可持续性，也能使企业及职工在劳动力市场的资源配置不受扭曲，在支付相应成本的同时，保障社会保险权。本小节根据既往十年的相关数据，尝试对未来十年的社会保险收支进行预测，并拟订相应的社会保险税税率。

根据计算，2006—2010 年社会保险支出总额占 GDP 的平均比重约为 4.6%，2011—2016 年社会保险支出总额占 GDP 的平均比重约为 5.2%。同时，参考 IMF 在 2017 年 10 月对中国未来 5 年 GDP 增长率的预测（2023—2027 年保持 5.6% 的增速），并结合中国老龄化社会的趋势，假定随着 GDP 增速放缓，社保支出占比每年以 0.4% 的速度递增，以较为全面地测算中国未来社会保险可能的支出总额（见表 7.8）。

表 7.8　未来十年的社会保险支出总额（2017—2027 年）　单位：亿元

年份	国内生产总值[①]（亿元）	社会保险支出/GDP（%）	社会保险支出总额（亿元）
2016	743 585.5	6.3	46 846
2017	827 122	6.7[②]	55 417
2018	880 884	7.1	62 543
2019	936 380	7.5	70 229
2020	994 436	7.9	78 560
2021	1 054 102	8.3	87 490
2022	1 115 240	8.7	97 026
2023	1 177 693	9.1	107 170
2024	1 241 288.9	9.5	117 922
2025	1 310 801.1	9.9	129 769
2026	1 384 205.9	10.3	142 573
2027	1 458 442	10.7	156 051

资料来源：根据国家统计局数据整理。

① 2016 年 GDP 数据来源于国家统计局，2017 年数据来源于《中国经济年报》，2018—2022 年数值根据 IMF 预测增速计算，分别为 6.5、6.3、6.2、6、5.8，2023—2027 年数值以 5.6 为增速估算。

② 按照 2006—2016 年期间社会保险支出总额/GDP 的比重的平均增长幅度估算而得。

表 7.8 的计算公式如下：

①当年国内生产总值 = 上一年度 GDP ×（1 + 当年 GDP 增速）

②当年社会保险支出总额 = 当年 GDP ×（当年社会保险支出总额占 GDP 的比重）

对于社会保险税税基的计算，选择上述遵从度评估的第二种方法，即以劳动者报酬为税基，而非城镇职工工资。结合当年的 GDP 及其未来增速，比较劳动者报酬占 GDP 的比重变化情况，据此推断出未来 5—10 年 GDP 增速下滑情况下的社会保险税税基——劳动者报酬的变化情况及其趋势（见表 7.9）。

表 7.9　2006—2015 年我国劳动者报酬统计表

年份	劳动者报酬（亿元）	增长率（%）	GDP（亿元）	劳动者报酬占 GDP 比重（%）
2005	93 296.87	待定	187 318.9	50
2006	106 554.74	14	219 438.5	49
2007	128 108.49	20	270 232.3	47
2008	150 701.73	18	319 515.5	47
2009	167 098.09	11	349 081.4	48
2010	190 967.99	14	413 030.3	46
2011	222 528.35	17	489 300.6	45
2012	256 676.81	15	540 367.4	48
2013	299 072.28	17	595 244.4	50
2014	328 602.76	10	643 974.0	51
2015	357 432.03	9	689 052.1	52

资料来源：根据国家统计局数据整理。

通过表 7.9 绘制图 7.10、图 7.11 如下：

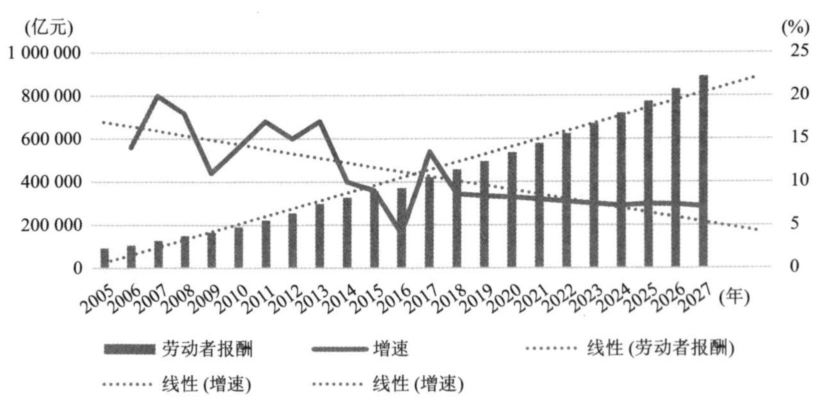

图 7.10　2005—2015 年我国劳动者报酬及其增速（含预测）

资料来源：根据国家统计局数据整理。

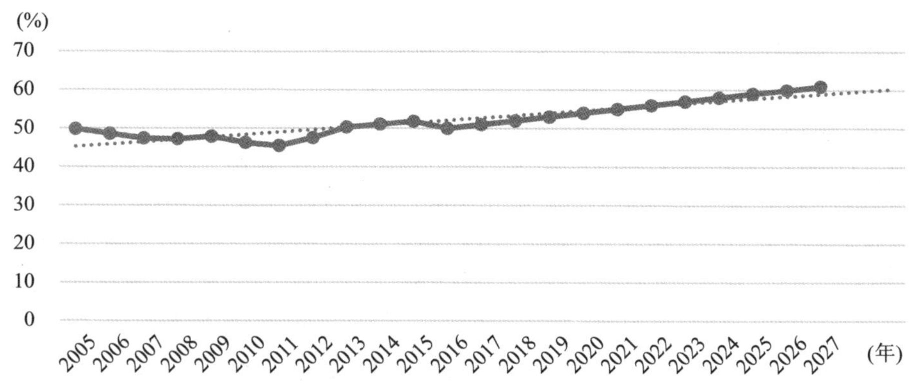

图 7.11　我国劳动者报酬占 GDP 的比重

资料来源：根据国家统计局数据整理。

可见，根据线性预测趋势，尽管劳动者报酬总量呈现上涨趋势，但增速为下滑态势，这与未来 GDP 增速趋势类似。

据此计算 2016—2027 年的劳动者报酬如表 7.10。

表 7.10　社会保险税测算表 1

年份	社会保险支出总额（亿元）	劳动者报酬（亿元）	劳动者报酬占 GDP 比重（%）	社会保险费缴纳遵从度（%）	社会保险税税率（%）
2016	46 846	371 792.75	50	32	39.20
2017	55 417	421 832.22	51	34	39.20
2018	62 543	458 059.68	52	待定	因遵从度待定导致税率待定
2019	70 229	496 281.4	53		
2020	78 560	536 995.44	54		
2021	87 490	579 756.1	55		
2022	97 026	624 534.4	56		
2023	107 170	671 285.01	57		
2024	117 922	719 947.562	58		
2025	129 769	773 372.649	59		
2026	142 573	830 523.54	60		
2027	156 051	889 649.62	61		

资料来源：根据国家统计局数据整理。

设定自 2018 年起实施社会保险税，即当年该税的推进促使遵从度提高，并假定 2018—2027 年每年均增加 2%，如表 7.11 所示：

表 7.11　　社会保险税测算表 2　　单位:%

年份	遵从度	税率	遵从度	税率	遵从度	税率	遵从度	税率
2016	32.14	39.20	32.14	39.20	32.14	39.20	32.14	39.20
2017	33.51	39.20	33.51	39.20	33.51	39.20	33.51	39.20
2018	35.00	39.01	40.00	34.13	50.00	27.31	60.00	22.76
2019	37.00	38.25	42.00	33.69	52.00	27.21	62.00	22.82
2020	39.00	37.51	44.00	33.25	54.00	27.09	64.00	22.86
2021	41.00	36.81	46.00	32.81	56.00	26.95	66.00	22.86
2022	43.00	36.13	48.00	32.37	58.00	26.79	68.00	22.85
2023	45.00	35.48	50.00	31.93	60.00	26.61	70.00	22.81
2024	47.00	34.85	52.00	31.50	62.00	26.42	72.00	22.75
2025	49.00	34.24	54.00	31.07	64.00	26.22	74.00	22.68
2026	51.00	33.66	56.00	30.65	66.00	26.01	76.00	22.59
2027	53.00	33.10	58.00	30.24	68.00	25.80	78.00	22.49

资料来源：根据国家统计局数据整理。

从表 7.11 可知，当 2018 年遵从度为 35%，对应税率为 39.01%，2027 年遵从度升至 53%，对应税率为 33.10%；当 2018 年遵从度为 40%，对应税率为 34.13%，2027 年遵从度升至 58%，对应税率下降至 30.24%；当 2018 年遵从度为 50%，对应的税率为 27.31%，2027 年遵从度升至 68%，对应税率可下降至 25.80%；当 2018 年遵从度为 60%，对应税率为 22.76%，2027 年遵从度升至 78%，对应税率为 22.49%。

另外，当假定 2018—2027 年每年年均增加 4% 的遵从度，由此可得表 7.12：

表 7.12　　社会保险税测算表 3　　单位:%

年份	遵从度	税率	遵从度	税率	遵从度	税率	遵从度	税率
2016	32.14	39.20	32.14	39.20	32.14	39.20	32.14	39.20
2017	33.51	39.20	33.51	39.20	33.51	39.20	33.51	39.20
2018	35.00	39.01	40.00	34.13	50.00	27.31	60.00	22.76
2019	39.00	36.28	44.00	32.16	54.00	26.21	64.00	22.11
2020	43.00	34.02	48.00	30.48	58.00	25.22	68.00	21.51
2021	47.00	32.11	52.00	29.02	62.00	24.34	72.00	20.96
2022	51.00	30.46	56.00	27.74	66.00	23.54	76.00	20.44

续表

年份	遵从度	税率	遵从度	税率	遵从度	税率	遵从度	税率
2023	55.00%	29.03	60.00	26.61	70.00	22.81	80.00	19.96
2024	59.00	27.76	64.00	25.59	74.00	22.13	84.00	19.50
2025	63.00	26.63	68.00	24.68	78.00	21.51	88.00	19.07
2026	67.00	25.62	72.00	23.84	82.00	20.93	92.00	18.66
2027	71.00	24.71	76.00	23.08	86.00	20.40	96.00	18.27

资料来源：根据国家统计局数据整理。

从表 7.12 可知，当 2018 年起始遵从度升至 35%，对应的税率略有下降至 39.01%，并在 2027 年随着遵从度升至 71%，对应税率可下降至 24.71%；当 2018 年起始遵从度升至 40%，对应的税率为 34.13%，并在 2027 年随着遵从度升至 76%，对应税率可下降至 23.08%；当 2018 年起始遵从度升至 50%，对应的税率为 27.31%，并在 2027 年随着遵从度升至 86%，对应税率可下降至 20.40%；当 2018 年起始遵从度升至 60%，对应的税率为 22.76%，并在 2027 年随着遵从度升至 96%，对应税率可下降至 18.27%。

根据上述公式以及表格可以大致推算出：2018—2027 年，在遵从度逐年提高的前提下，社会保险税税率均可实现有序且平稳的降低，且遵从度提升速度越快，税率下降幅度及速度也将越快。

这也符合当前“降低宏观税负”“降成本”的政策要求，也可以活跃市场，增加居民收入，提高实体经济对于减税降费系列政策的获得感。

社会保障基金对安全性的高度要求，是其他任何公共资金所不能比拟的，社保资金一旦发生收不抵支，不仅会增加财政的补贴负担，还会涉及社会保险的待遇能否兑现以及增加后代人的社会保险负担，甚至影响社会稳定性。

因此，为确保我国社会保障体系的高效、可持续发展，必须提高风险意识。政府要加强社会保险的风险预警测算和分析，出台有关政策措施①，同时，要加强各项社会保障制度宏观规划和精算平衡，积极探索建立基本养老保险、基本医疗保险、失业保险、城乡低保制度和社会救助标准与待遇增长的机制，确保社保基金的收支平衡和平稳运行。

---

① 2017 年 11 月 18 日，国务院发布了《关于印发划转部分国有资本充实社保基金实施方案的通知》规定：“随着经济社会发展和人口老龄化加剧，基本养老保险基金支付压力不断加大，为充分体现代际公平和国有企业发展成果全民共享，现决定划转部分国有资本充实社保基金。”

7.3.5 配套条件及注意事项

（1）公平、效率指导下的平稳过渡。为保证社会保险费改税顺利推行，保障公民社保权利，应当以公平、效率为指导，建立测算、征收、运营管理、支付四位一体的社会保险制度，实现公民选择权和区域、城乡的平衡发展。

第一，遵循公平与效率原则。在人类社会发展史上，每一次制度变革和生产力变革都源自对公平和效率的追求。在公共财政领域中，更应该保障社会成员参与分配的机会公平、分配结果的合理化，以对有限的社会资源进行最优的配置，获得较大的经济社会效益[①]，以公平和效率为指导原则，履行政府责任，保障公民权利。

第二，建立流程无间断的社保体系，实现发展成果由人民共享。在公民视角下，社会保障体系包括缴纳和领取社保基金，但是从政府层面看，社会保障的全貌还须包含测算和运营管理。建立流程无间断的社保体系，对政府履行社会保障义务必不可少。

我国地域辽阔、人口众多的事实产生多样化的社保需求，个人作为社会保障权利与义务的最终承担人，应当享有更多的选择权。同时，区域、城乡之间发展不平衡也导致了社会保障统一制度下的多种选择的可能性。因此，应当以不平衡发展为现实基础，以公平效率为指导原则，统筹平衡发展，实现发展成果由人民共享。

（2）精算平衡下的税负减轻。以基期社保支出占 GDP 的比例为依据，确定预测期社保支出、综合缴费基数和遵从度，测算社会保险税率。要以支定收，精准测算，既不能使社会保障出现缺口，也不能因社保责任的承担而减少自由资本、抑制经济增长。

税收中性原则要求政府征税应尽量减少对市场供求双方的福利损失，并尊重市场资源配置机制。遵循税收效率原则确定税率，用尽可能少的资源消耗取得尽可能多的税收收入，并通过税收的再次分配促使资源得到合理、有效的配置。尊重社会经济行为与税收行为的因果关系，坚持征收社会保险税不能抑制经济增长的原则。

---

① 梁朋：《公共财政学》，北京：首都经济贸易大学出版社 2016 年版，第 61 页。

以《社会保险法》等为依据建立起的社保制度，追求内心认可的遵从而不是法律强制力下的遵从。社会保障基金最终来源于公民劳动创造的财富，公民对社保征缴的认可度越低，则遵从度越低。企业在缴纳社会保险费时，以最低缴费工资代替实际工资申报，侵蚀社会保险税基，实际上降低了社会保险的遵从度。

社会保险成本占职工及企业成本比重过高，是社保遵从度低的重要原因。根据世界银行的数据，我国企业每获取 100 元的利润，就要承担 50 元左右的社会保险责任，相较于世界范围内的 16%，企业社保负担较重，获利空间压缩，最终导致资本外流，进而影响就业，反过来导致社会保险税基进一步流失。

（3）降低税率以提高遵从度。供给学派代表人物阿瑟·拉弗 20 世纪 70 年代揭示了"拉弗曲线"规律，即税率的提高并不一定导致税收的增加。因为过高的名义税率，可能导致遵从度低，同时，加重企业的成本，压缩盈利空间，减少投资，抑制经济增长，不仅会使税基减少，而且还会导致市场不能处于最优运行状态，产生"无谓损失"。

近年来，中国政府多次承诺降低"五险一金"缴费费率。"十三五"期间，中小企业面临的发展形势依然严峻，世界经济总体复苏乏力和国内发展新常态带来的挑战，使经济活力下降。社保税推行过程中，要着重注意与降低企业经营成本、阶段性降低企业社保缴费的方针保持一致，减少社会保险税比例，刺激经济增长。

社保收入 = 基数 × 税率 × 遵从度

以社保支出确定社保收入，以社会平均工资确定基数，税率与遵从度之间呈反比关系。应从心理上提高社会保险税的认可度，同时严格征管，实现社保征缴公平。在企业行为合法、合规的前提下，降低税率可以在不减少社保收入的前提下提高企业遵从度、扩大社保覆盖率的效果。

（4）统一征收规范征缴。征收社会保险税是社保运行的起点。统一由税务部门征收社会保险税，便利群众，于法有据。据不完全统计，截至 2017 年 1 月 1 日，已有 19 个省、3 个计划单列市实现了地税局代征社保费。税务部门负责多种税的征收，利用"金税三期"工程的综合数据，结合既有征管技术，规范企业承担社会保障责任，实现社保公平征收。但是，在尚未降低"五险一金"缴纳比例的条件下，相关企业反映，随着征管的加强，社会保险成本负担在加重。之前，对于公司申报的员工“五险一金”社保缴费基数，社保、地税部门在一定程度上并未严格检查、核实。在近期，税务部门重点检查，要求将包括奖金在内的工资总额作为缴费基数，否则即视企业违规，须补交。尤其在核查中，税务、社保部门往往要求企业社保的缴费基数与个税申报明细一致，即缴费基数等于个税的工资总额，如发现两者不一致，税务、社保部门将要求企业补缴社保费用，这在无形中加重了企业的用工成本负担。

（5）中央统筹考虑个人选择权。发展的不均衡对社保制度产生社会保障外的需求，即缩短贫富差距。社会保障能够促进社会公平、优化资源配置。应实现全国统筹：首先是地区间统筹，人力资源的全国流动性要求参保人信息完整、接替顺畅，各省分别协调成本高、效率低；其次是城乡统筹，二元经济结构下的城乡差距，以城市反哺农村、工业反哺农业，缩小城乡差距，统一农业政策；最后是代际统筹，政策的一贯性对长期性项目至关重要，地方政府受统筹层次的限制，相较而言，中央政策更易保持一贯性。社保税作为中央税以实现中央统筹，促进缩小贫富差距、拉动消费。

第一，监督资金循环保证资金可持续。根据《立法法》第八条第六项规定，税率的指定及调整，须由全国人大立法规定。因此，社会保障税的实施，要以全国人大及其常委会制定的法律为依据，明确征收范围、税率、计算方法、征税机关、纳税义务人、减免税的规定以及征管程序等，明确政府的权力与公民权利在社会保障制度中的界限，使社保税的征收符合程序合法性要求。

根据《预算法》规定：支出应当以经批准的预算为依据，未列入预算的不得支出，经人民代表大会批准的预算，非经法定程序不得调整。社会保障基金的运行要纳入监管体系，依照法定权限和程序编制预算，经权力机关批准后，根据预算进行社保基金的筹集、运营和发放，保障社保基金运行透明、公开，接受公众的监督，维持社保可持续性。

第二，以市场为主要调节机制赋予个人选择权。资金的时间价值影响未来社保资金的平衡，因此，应推进社保资金保值增值，以消除通货膨胀对参保人实际权利的侵害。目前，中国实行社保费用国库集中收付，其多余资金仅能用于政府债券购买，排除其他投资。国库集中收付便于落实监管责任，有利于保障资金安全，但社保资金保值增值途径仅包含银行利息和债券收益，增值效率与通胀速度不匹配。

以美国为例，在社会保障制度建立前期，由独立的美国联邦社会保障基金信托基金运作，基金主要投资政府定向发行的特别债券。但随着美国人口老龄化进程加快，社保支付压力加大，美国建立个人保障账户，允许个人选择 401k、457 计划和个人退休账户等投资计划。

我国对社保基金的运作，要在保障资金安全的前提下获得最高的运作效率。资金运作纳入统一监管，统账结合，应保统筹账户作为支付最低社保福利的保障，由国家统一投资于风险较低的项目，应保个人账户作为改善性质的福利资金，由个人自主选择投资于市场调节产生的优质项目。选择增值途径时，应当注意几点：一要根据安全性要求确定投资可接受的风险上限，根据保值增值要求确定收益下限，对投资项目进行风险分析，选择符合要求的投资项目；二要加强对投资项目的关注，监督投资资金的用途，及时反馈资金情况；三要在保证资金安全的前提下加快周转速度，提高资金利用率。

（6）提升社保制度自身的性价比。《社会保险法》第五十八条规定，政府建立社保号码，与身份证号码一致。以全国统一社会保障账户为基础，协调行政部门间信息共享，便利行政。从公民的角度看，政府职能部门保持一体，政府内部社保税的征收、关系转移、支付分工由不同部门执行，但是不能因此给公民造成遵从负担。社会保险经办机构应当依法行政，相互协调，将政府行政与现代技术相结合，提升服务效率和质量。

参照个人税收贡献金额提升养老保障替代率是实现“社会保障”的应有之义。应合理确定养老保险发放金额，综合考虑通货膨胀、地区生活成本以及生活成本差异导致的幸福程度来确定退休金，提高养老保险替代率，保障退休人员的生活水平稳定，简化养老保险跨区转移程序。

生育保险与医疗保险都属于直接保障人身的保障，将两者合并既可以减少管理成本，也可以方便职工获得生育保障。应推进生育保险差别征收，加强医疗保险城乡区域弥合，便利跨区域流动报销；扩大失业保险、工伤保险的覆盖面，合理确定领取条件，以便利申领为原则确定领取时间及程序，以再培训为工作重点，帮助失业者重新实现劳动，以保障工伤后生活为前提，帮助职工恢复劳动能力。

（7）改革全面性。社会保障制度涉及居民（无业）、农民、职工、公务员，“五险一金”中失业保险、工伤保险、生育保险以及住房公积金涉及的人群，主要集中在城镇职工，养老与医疗保险在各个职业类型中都有涉及，但城镇职工占比较大。

城乡居民养老保险基金的支出呈现逐年上涨的趋势，2012—2016 年，当此项社保基金的年度结余不断减少，从 2015 年开始，城乡居民社会养老保险基金已经处于入不敷出的状态，需要一般公共预算加以补贴。与城乡居民社会养老保险基金类似，居民基本医疗保险基金也呈现这一变化趋势。

我国城镇职工养老保险制度包含公务员的养老保险，换言之，我国关于城镇职工的养老保险的相关内容同样适用于公务员。2015 年 1 月 14 日，中央政府颁布机关事业单位养老保险缴纳办法，规定了基本养老保险费由单位和个人共同负担以及具体的缴纳比例。该办法涵盖了我国目前所有的公务员及参照公务员法管理的其他人员，实现了“一个统一”与“五个同步”①，不仅从制度上化解了“双轨制”的矛盾，也突出了改革的系统性和协调性，而且是中国社保制度实现全国统筹的重要措施。

基于精准脱贫战略，中国农民群体应成为社保制度的重要组成部分。新型农村合作医疗参保率不断提高，在 2014 年已达到 98.9%。新型农村合作医疗的受益人次从 2007 年的 4.53 亿人次增加到 2014 年的 16.52 亿人次，可见新型农村合作医疗在农村社保制度中已经成为社保体系重要的组成部分。虽然新型农村合作医疗普及取得了较大进展，但是我国现有的农村社保制度仍旧不完善。例如，农民工工伤保险以及生育保险参保问题仍存在较大空缺，城乡异地务工人员社会保险衔接问题也值得关注。

7.4 小　结

国际税收竞争日趋激烈，国内企业税费负担不轻，民间资本投资近年来连续下滑，社会保险费征收收入快速上涨。但是，社会保险实际收支入不敷出，

① “一个统一”：机关事业单位与企业等城镇从业人员统一实行社会统筹和个人账户相结合的基本养老保险制度，都实行单位和个人缴费，都实行与缴费相挂钩的养老金待遇计发办法，从制度和机制上化解“双轨制”矛盾。“五个同步”：一是机关与事业单位同步改革，职业年金与基本养老保险制度同步建立，养老保险制度改革与完善工资制度同步推进，待遇确定机制与调整机制同步完善，改革在全国范围同步实施。

一般预算补贴逐年加重，加之中国老龄化社会到来，社会保险支出规模预期扩大，社会安全网的可持续性令人担忧。

在这一背景下，提出国有资本充实社会保险这一方案不仅有利于补偿国有企业转制成本，而且可以实现国有企业收益由全民共享的设计初衷。但是，考虑到国有企业利润长期较低，且国有企业与市场经济的构建方向相悖，长期来看，不宜依赖国有企业维持社会保险财务上的可持续。另外，从微观层面来看，将社会保险缴费纳入增值税进项抵扣，一方面可以降低企业增值税税负，另一方面可以提高企业这一“五险一金”抵扣义务人的缴纳积极性，进而在宏观上提高“五险一金”缴纳的合规性，有利于缓解社会保险的收支困境，较为合适作为中期方案。

从税负视角分析“五险一金”对企业及职工的外部影响，本章通过辨析“五险一金”的税费性质，结合经济理论中“五险一金”对劳动力价格及供求的作用机制及其所造成的类似税收“无谓损失”，得出如下结论：“五险一金”具备税收基本特征。从企业及职工税负角度出发，降低“五险一金”缴纳比例将起到诸多积极作用。与此同时，在全国各地展开企业调研，且使用数据验证可知，当前“五险一金”制度本身性价比不高，各地缴费征管程度不一且混乱，企业及其职工的缴纳遵从度较低。另外，对具体一家上市企业近十年缴费情况进行分析可知，规范企业缴纳负担沉重，限制其当期利润、职工收入增加及扩大再生产。同时，社会保险征缴本身存在收费不均、执行不一的不公平问题。

将中国企业所适用的“五险一金”缴费费率放置于国际背景下，本章发现中国的“五险一金”缴费费率明显偏高。但是，“五险一金”占税收收入比重明显低于世界同等水平国家，进而从中国总税率历年较高的分析中可见，“五险一金”占商业利润比例依然处于较高水平。

在数据测算方面，根据中国过去十年的社会保险支出及 GDP 增长水平、缴纳遵从度，测算未来十年内社会保险支出的数额。假设社会保险费改税之后，缴纳遵从度提高，其所适用的社会保险税税率将在 2018—2027 年随着遵从度的提高呈现下降态势，符合当前中央“降低宏观税负”“降成本”的要求。本章还提出费改税过程的注意事项及配套条件，如兼顾公平效率，考虑企业及职工税费负担，适当考虑增加参保人个人的自主选择权等。

综上所述，社会保险费改税不仅符合“五险一金”税的性质，而且费改税辅以降低税率，将直接起到增加企业利润、增长居民收入，继而扩大民间投资、刺激市场需求等多重作用。另外，费改税的实施也是在全球减税压力下及时的应对之策，不仅有利于保障国内市场的活跃及资本、就业的充足，而且可以有力维护社会保障这一“安全网”的平稳、可持续运作。

第 8 章　结语及政策建议

中国实行改革开放 40 多年来，逐渐融入全球金融、贸易体系，国民财富日益积累，与世界各国休戚与共。

当前，国内民间固定资产投资累计增速不振，实体经济举步维艰与虚拟经济表面繁荣，资金脱实就虚现象较为明显，消费、投资对 GDP 拉动作用不断下降，加之美国发起加征关税等措施，可以预期，未来中国的出口形势将较为严峻。

在这一背景下，我们从制度性交易成本角度，以“五险一金”为主题探讨“五险一金”的征收对私人消费与私人投资的利弊效用。尽管“五险一金”的税费性质在学界仍存在较大分歧，但是这一体制成本对企业利润、用工费用、职工当期可支配收入的影响，是较为明显和毋庸置疑的。

8.1　基本结论

本书展开关于“五险一金”税费性质的辨析，研究“五险一金”对企业税费负担的影响及测算，同时将“五险一金”视为职工工资税负的重要组成部分；借鉴 GDP 三部门理论模型，构建私人投资、私人消费与“五险一金”三者模型，利用省际面板数据进行测算，验证“五险一金”对私人投资及私人消费的影响。由此，得出以下结论：

（1）“五险一金”具有较强的税收性质。税收同意原则与公平性，在“五险一金”这一问题上体现得较为强烈。尽管“五险一金”带有保险的一对一属性，但与税收理论所要求的社会契约理论并不矛盾。借鉴公共选择学理论来看，“五险一金”的公平与否直接决定着纳税人对此遵从的高低。

既然“五险一金”具有税收性质，其作为制度成本应用在劳动力市场中造成“无谓损失”，且过高的“五险一金”缴纳比例将导致劳动力价格的提高，并影响就业岗位的创造。与此同时，其引起税负在企业及职工之间的转嫁，而不以名义税率的规定为依据。

（2）“五险一金”构成企业及职工的税负。由于“五险一金”具有税收性质，且“五险一金”这一成本是以工资作为税基，由企业及职工各自按比例承担，因此“五险一金”构成了企业税负以及职工工资税负。

企业税负的测算不仅与宏观税负的确定关系密切，而且其分子、分母的确定应考虑到企业生产经营的现实状况，如“五险一金”须作为测算公式中的分子，如增加值或净利润应作为测算公式中的分母，唯有如此，才能较为贴切地反映企业的实际税费负担。

职工工资税负的测算不仅应该与企业税负的确定息息相关，而且与个人所得税以及“五险一金”的缴纳比例也应该直接相关。

（3）“五险一金”对私人投资及私人消费影响较大。“五险一金”作为企业税负以及职工工资税负的一部分，对于企业的生产经营成本，以及职工的可支配收入造成影响。应考虑到“五险一金”作为企业生产经营的制度性交易成本对于企业的当期利润造成减损，进而对于私人投资的积极性产生影响，尤其过重的“五险一金”支出比例将直接影响私人投资的回报率。还应考虑到“五险一金”作为职工可支配收入的影响因素对于职工的当期消费造成减损，进而扭曲乃至减损市场需求，对市场供给即企业的扩大再生产造成影响，进而减损企业的利润分配以及职工工资收入的增长。

8.2 政策建议

结合当前的国内外背景，尤其是国际税收竞争日趋激烈，国内社会保险基金面临收支困境，以及企业及职工税负感受强烈的现实问题，本书通过辨析“五险一金”税费性质，明确“五险一金”具有较强的税收特征，并测算“五险一金”影响下的企业税费负担，以及“五险一金”影响下的职工工资税负，进而通过 GDP 三部门理论模型，实证检验了“五险一金”对私人投资及私人消费的双重负面作用。

另外，我们联系到当前地税与国税合并，且社会保险由税务部门统一征收的现象，可以预期，“五险一金”征收效率会进一步提高，在“五险一金”缴纳比例并未实现较大幅度降低的情况下，对于企业税费负担以及职工工资税负的进一步加重，不可忽视。

据此，我们提出以下政策建议：

（1）较大幅度降低“五险一金”缴纳比例。与国际发达及发展中国家相比，中国当前“五险一金”的缴纳比例，以及无论是雇主还是雇员所承担的税率，均处于较高水平。加之国际税收竞争日趋激烈，有效、及时降低“五险一金”税率，不仅可以提高雇员当期的可支配收入，从而刺激消费，扩大市场需求，而且可以增加雇主的当期利润，从而刺激私人投资及职工分红比例。

此外，企业及职工对于“五险一金”缴纳的积极性始终不高，由此造成制度公平性欠缺。而“五险一金”缴费比例的大幅降低，将有利于企业及职工参保合规性的提升，即企业足额、足员缴纳“五险一金”有助于提高制度的公平性。

（2）提高“五险一金”制度自身性价比。“五险一金”缴纳遵从度不高，不仅在于企业及职工的缴纳负担较重，而且在于“五险一金”相关制度的福利效应不高。因此，应稳步提高养老金待遇，提升养老保险的跨省便利性，及时兑现医疗保险的异地报销承诺，降低失业保险的领取门槛及手续，增加工伤保险的赔付金额，从而盘活沉淀资金，提高企业及职工的参保积极性。

由此，“五险一金”性价比的提高，与“五险一金”缴纳比例较大幅度的降低相辅相成，这两者均可有助于提升“五险一金”缴纳积极性，政府在“五险一金”方面的征收收入由此得以提高，并缓解“五险一金”收支赤字，从而为“五险一金”征缴的制度困境的解决提供一条可资借鉴的路径。

（3）实施“五险一金”费改税。本书回归“五险一金”的税收属性，主张开展“五险一金”的费改税，提高“五险一金”的征收效率，在当前国、地税合并，且社会保险费由税务部门统一征收的前提下，辅以费改税的及时过渡，从而为税务部门的征收提供理论支撑及现实依据，并且对社会保险基金的赤字隐患也可起到一定的缓解作用。

“五险一金”费改税，不仅有助于提高“五险一金”从征收到使用的规范性，而且有助于提高“五险一金”资金统筹的层级，进而缓解部分地方养老金收支不抵的“穿底”问题。

8.3 未来研究方向

本书以制度性交易成本为分析视角，研究“五险一金”的缴纳比例偏高对私人消费及私人投资的影响，但是，对“五险一金”的其他领域，尤其是现代税收原则方面，兼顾较少。

一方面，对于税收公平重视不够，尤其将税收公平引入“五险一金”遵从度问题的分析上。在史蒂文·谢福林看来，税收公平构成现代税收的核心，而不仅仅是分配，体现着现代社会的契约理论以及税收交换论。税收的公平与否，不仅取决于税收所交换的公共产品及服务的等价性，而且取决于横向方面，社会公众是否遵从同一规则，即缴纳遵从度如何。

另一方面，对于社会保险的选择权研究有限。在布坎南看来，选择权的大小代表着社会民主程度的高低。在美国特朗普减税方案中，废除奥巴马医改的个人强制条款，正是对选择权的保障。在“五险一金”方面，探讨选择权将有利于个人效用及权利的实现及提升。

以上均是未来值得深入研究的方向。

总之，在持续降低“五险一金”缴纳比例，进而降低制度性交易成本的同时，应该更为注重“五险一金”负担的制度公平性及制度自身的性价比的提升，提高企业及职工的遵从度即缴纳的积极性，从而缓解一般公共预算补贴压力过大、社会保险基金收支不抵的困境。

2 000 年前，春秋战国时代的卫鞅认为，纵然降低百姓负担的原理通俗易懂，以减税为代表的营商环境提升的最终效果显著，相关措施也往往难以推行与落实，究其原因，“非圣别说，而听圣人难也”。

几年来，降低制度性交易成本一直作为中央及地方各级政府的施政方针，其实也是国家治理体系中“爱民”思想的具体落实，同时也对应现代社会公民权利如社会保险权的切实保护。考虑到全球化竞争的明显加速，以“五险一金”为代表的企业税费负担相关问题的解决对于营商环境的治理与改善显得尤为迫切，愿有识之士共同推进之。

附　　录

附录一　调查计划

一、访问企业及负责人背景

（一）企业信息

被访企业成立于1996年，作为一家劳动密集型鞋业加工企业，是落户当地的首家台资企业。企业经营在2001年达到鼎盛，年平均用工人数达到千人规模，年均产量为4 200万双。

鞋厂厂房（现已荒芜）

（二）负责人信息

陈总：70岁，来自中国台湾，不识字，从公司送货司机一路锻炼升至厂长、董事，1989年赴大陆投资建厂，于2006年当选为当地台商协会负责人，现为某食品生产企业负责人。该食品生产企业自2008年成立，主营业务为粉丝生产加工及出口。

高副总：1999年获当地“十佳外来青年”称号、2000—2006年当选省“优秀外来务工青年”及市政协委员；2001年当选省妇代会代表；2003年当选市劳动模范；现为某食品厂副总经理。

许总：某食品厂法律顾问；2005 年当选市“五一”劳动模范。

二、访问时间：2016 年 7 月 13—17 日

三、访问目的

1. 了解鞋厂从创建到衰落过程中，政府的税收、劳动社保政策在其中的影响。

2. 了解食品工厂现有员工工资、劳务报酬水平及个人所得税社会保险的缴纳情况。

“企业用工制度性成本”变化调查问卷

《社会保险法》自 2011 年 7 月 1 日施行，距今已 5 年；该法实施以来，对劳动密集型企业影响如何（除去生产扩大的正常招工外的用工数量增减）？用工成本上涨多少？企业如何应对？

《个人所得税法及实施条例》（修改版）自 2011 年 9 月 1 日实施，十八届三中全会《决定》推出个税综合与分类相结合的改革承诺；如何与企业、居民涉及个税的现实运作相适应，并改革当前个税超额累进对抑制劳动生产力积极性的抑制副作用，以惠及于民。

1. 最近 5 年，工厂用工人数分别为：

（2012 年）____、（2013 年）____、（2014 年）____、（2015 年）____、（2016 年）____

2. 最近 5 年，每名工人的月平均工资分别为：

（2012 年）____、（2013 年）____、（2014 年）____、（2015 年）____、（2016 年）____

3. 最近 5 年，工厂社保支出在用工成本中比重为：

（2012 年）____、（2013 年）____、（2014 年）____、（2015 年）____、（2016 年）____

4. 最近 5 年，用工工人的来源地主要集中地及其变化：

____

5. 最近 5 年，工厂个人所得税占用工成本比重：

（2012 年）____、（2013 年）____、（2014 年）____、（2015 年）____、（2016 年）____

6. 最近5年，工厂劳务报酬、劳务发票支出占用工成本比重：

（2012年）____、（2013年）____、（2014年）____、（2015年）____、（2016年）____

7. 最近5年，工厂税后利润股东分红的处理方式：

____

附录二　传统工艺企业税、费调研

座谈提纲

1. 从事传统工艺行业，当前企业主要经营困难是哪些？税收负担是否构成一种主要经营困难？近三年的税负（税费支出与营业收入之比、税费支出与净利润之比）变化如何？

2. 您及财务人员平时与税务部门交涉是否频繁？需要与政府及税负部门处理哪些纳税事务和其他相关事务？

3. 在企业承担的税负种类中，哪一种是您认为最不合理的？您认为最不合理的原因是什么，是该税税制本身设计有问题、税率太高，还是征税程序不规范？

4. 除了税收之外，企业还面临哪些如残保金、堤防费等“费用”支出？这些费用与税收相比，占多大比重？征收办法是什么，是由哪些政府部门负责的？企业又是如何对待？

5. 政府征税程序是否规范？有哪些环节是比较繁冗、不规范的（如“不公平、不确定”问题）？

6. 与政府目前提供的公共服务相比，您认为企业所缴纳的税收是太高、太低，还是较为平等合理？您认为税制改革包括税率的设计如何进行调整？

7. 一年内企业所支付的各项税费占经营活动的现金流出、税费占税后净利为多少，包括企业缴纳的“五险一金”负担是否合理，“五险一金”缴费状况如何，税收返还是否合规等。

8. 从事传统工艺行业，企业在当地是否可以享受优惠政策，具体的优惠政策是什么？与其他行业相比，税费优惠和财政补贴待遇上有何差别？

9. 当企业与政府税务部门或行政部门产生某些税费争议或纠纷时，是否会通过当地税务师事务所进行协调并预防可能出现“税务风险”？

10. 是否会有来自税务部门缴纳有关“过头税”的要求？面对来自税务部门的不合理行为，包括征税程序的不合理，企业有哪些应对之策？

11. 展望未来传统工艺行业，在具体涉及的税收改革方面，您有哪些期待？

附录三　企业税、费的调查问卷

一、企业基本情况

1. 名称：________________________________
2. 地址：________市________县（市/区）________镇（乡/街道）
3. 创立时间：________年________月
4. 邮政编码________________
5. 企业联系电话________________
6. 负责人姓名______________
7. 联系人 ________________联系电话________________
8. 企业类型（单项选择）____________

（个体 01，集体 02，国有 03，私营 04，其他（请说明）______________）

二、税、费负担

1. 税费负担具体种类（多项选择）____

（增值税 01，企业所得税 02，资源税 03，消费税 04，土地、房产税 05，城建税 06，教育附加税 07，印花税 08，车船税 09，关税 10，其他 11，五险一金 12，个人所得税 13 其他强制性收费如________________。

2. 以上所纳税费，哪几种是不合理的，为什么不合理（例如税率过高，缴纳数额不合理、纳税程序不规范，等等）？

3. “营改增”后，税、费种类的变化______（更多了 01，更少了 02，没有变化 03）税负轻重的变化______（增加 01，减少 02，没有变化 03，不清楚 04）
4. 企业近 3 年的营业收入（万元）：2014 年____、2015 年____、2016 年____；
5. 企业近 3 年的营业成本（万元）：2014 年____、2015 年____、2016 年____；
6. 企业近 3 年所交增值税（万元）：2014 年____、2015 年____、2016 年____；
7. 企业近 3 年所交所得税（万元）：2014 年____、2015 年____、2016 年____；

8. 企业近 3 年所交附加税（万元）：2014 年____、2015 年____、2016 年____；
9. 企业近 3 年所交强制收费（万元）：2014 年____、2015 年____、2016 年____；
10. 企业近 3 年用工人数（人）：2014 年____、2015 年____、2016 年____；
11. 企业近 3 年用工成本（万元）：2014 年____、2015 年____、2016 年____；
12. 企业近 3 年所交“五险一金”（万元）：2014 年____、2015 年____、2016 年____；
13. 企业对税费负担的感受（单项选择）________。
（很轻 01，较轻 02，可接受 03，重 04，很重 05）
14. 企业所交税、费占营业收入的多少较为合适的（单项选择）？__________

0%—1%（含 1%）01
1%—2%（含 2%）02
2%—3%（含 3%）03
3%—4%（含 4%）04
4%—5%（含 5%）05
5%—6%（含 6%）06
6%—7%（含 7%）07
7%—8%（含 8%）08
8%—9%（含 9%）09
9%—10% 及其以上 10

15. 企业所交税、费占税后净利的多少较为合理？

0%—10%（含 10%）01
10%—20%（含 20%）02
20%—30%（含 30%）03
30%—40%（含 40%）04
40%—50%（含 50%）05
50%—60%（含 60%）06
60%—70%（含 70%）07
70%—80%（含 80%）08
80%—90%（含 90%）09
90%—100% 10

16. 企业和税务部门交涉时间之短长________（很长 01，较长 02，较短 03，很短 04）
17. 对当前缴税程序的感受__________（烦琐 01，较烦琐 02，较合理 03，合理 04）
18. 对当前税收返还或政策优惠的感受____（不合理 01，不太合理 02，较合理 03，合理 04）
19. 税务部门有没有把征税成本转嫁给了企业（比如强制要求购买税控机）？

____

20. 企业有没有给税务或其他部门缴纳有关“过头税”或“非正常”费用？（有 01，可能有 02，没有 03，暂时没有 04）

____

21. 企业拟反映有关税费负担的其他问题或要求是什么？

____

22. 残疾人就业保障金的金额和涉及人数是多少？

____

23. 有无其他附加费用，如教育费、工会经费等是否在规定比例之外多缴纳，缴纳的年数额是多少？

____

填表人（签名）：

企业负责人（签名）：

2017 年　　月　　日

参考文献

[1]［德］马克思：《马克思恩格斯选集》，北京：人民出版社 1995 年版。

[2]［英］亚当·斯密：《国富论》，北京：商务印书馆 1983 年版。

[3]［美］曼昆：《经济学原理》，梁小民、梁砾译，北京：北京大学出版社 2012 年版。

[4]［美］奥斯特罗姆：《公共事务的治理之道》，余逊达译，上海：上海译文出版社 2012 年版。

[5]［美］诺斯：《制度、制度变迁与经济绩效》，杭行译，上海：格致出版社、上海三联书店、上海人民出版社 2014 年版。

[6]［美］罗斯巴德：《美国大萧条》，谢华育译，上海：上海世纪出版集团 2003 年版。

[7]［英］路德维希·冯·米塞斯：《社会主义》，北京：中国社会科学出版社 2016 年版。

[8]［英］哈耶克：《自由秩序原理》，邓正来译，北京：生活·读书·新知三联书店 1997 年版。

[9]［英］哈耶克：《通往奴役之路》，王明毅译，北京：中国社会科学出版社 2015 年版。

[10]［英］哈耶克：《法律、立法与自由》，邓正来译，北京：中国大百科全书出版社 2000 年版。

[11]［美］詹姆斯·M. 布坎南：《同意的计算》，陈光金译，北京：中国社会科学出版社 2000 年版。

[12]［美］詹姆斯·M. 布坎南：《民主财政论》，穆怀朋译，北京：商务印书馆 2009 年版。

[13]［英］A. C. 庇古：《福利经济学》，朱泱等译，北京：商务印书馆

2006 年版。

[14] [法] 洛克：《政府论》，瞿菊农译，北京：商务印书馆 1982 年版。

[15] [美] 史蒂芬·霍尔姆斯、凯斯·R. 桑斯坦：《权利的成本——为什么自由依赖于税》，毕竟悦译，北京：北京大学出版社 2004 年版。

[16] [美] 阿弗里德·马歇尔：《经济学原理》，廉运杰译，北京：华夏出版社 2012 年版。

[17] [美] 罗斯巴德：《人、经济与国家》，董子云译，浙江：浙江大学出版社 2015 年版。

[18] [美] 史蒂文·M. 谢福林：《税收公平与民间正义》，杨海燕译，上海：上海财经大学出版社 2016 年版。

[19] [英] 艾伦·麦克法兰：《现代世界的诞生》，管可秾译，上海：上海人民出版社 2013 年版。

[20] [法] 卢梭：《社会契约论》，李平沤译，北京：商务印书馆 2011 年版。

[21] 钱穆：《中国历代政治得失》，北京：生活？读书？新知三联书店 2012 年版。

[22] 费孝通：《江村经济——中国农民的生活》，戴可景译，北京：商务印书馆 2001 年版。

[23] 郑秉文：《中国养老金发展报告 2015》，北京：经济管理出版社 2016 年版。

[24] 梁朋：《公共财政学》，北京：首都经济贸易大学出版社 2016 年版。

[25] 人力资源和社会保障部社会保险事业管理中心：《中国社会保险发展报告 2015》，北京：中国劳动社会保障出版社 2016 年版。

[26] 彭雪梅：《社会保险基金征缴欠费逃费的问题研究》，成都：西南财经大学出版社 2017 年版。

[27] 郑尚元、扈春海：《社会保险法总论》，北京：清华大学出版社 2017 年版。

[28] 郭静安：《五险一金：理论·制度·实践》，北京：经济科学出版社 2013 年版。

[29] 庞凤喜、潘孝珍：《社会保障权实施成本研究》，北京：光明日报出版社 2012 年版。

[30] 陈信勇：《中国社会保险制度研究》，杭州：浙江大学出版社 2010 年版。

[31] 王则柯：《图解微观经济学》，北京：中国人民大学出版社 2008 年版。

[32] 革昕、张巍、王塔瑚：《从国际经验看中国企业减负中的“五险一金”改革》，《财政研究》，2017 年第 7 期，第 60—72 页。

[33] 沈永建、范从来、陈冬华：《显性契约、职工维权与劳动力成本上升》，《中国工业经济》，2017 年第 2 期，第 117—135 页。

[34] 温鹏莉、杨宜勇：《发展中国家公共养老金制度选择的两难困境》，《兰州学刊》，2016 年第 11 期：第 177—185 页。

[35] 朱为群、李菁菁：《税务部门统一征收社会保险费的效率和公平探讨》，《税务研究》，2017 年第 12 期：第 10—14 页。

[36] 马一舟、王周飞：《税务机关征收社会保险费回顾与前瞻》，《税务研究》，2017 年第 12 期。

[37] 周凤珍、彭青：《经济新常态下社会保险改革的关键点及对策研究》，《河北经贸大学学报》，2017 年第 4 期，第 60—65 页。

[38] 张斌、刘柏惠：《社会保险费征收体制改革研究》，《税务研究》，2017 年第 12 期。

[39] 李波、苗丹：《我国社会保险费征管机构选择——基于省级参保率和征缴率数据》，《税务研究》，2017 年第 12 期，第 20—25 页。

[40] 薛惠元、郭文尧：《城镇职工基本养老保险基金收支状况、面临风险及应对策略》，《经济纵横》，2017 年第 12 期，第 74—84 页。

[41] 何平：《企业税费负担问题研究及政策启示——基于对我国中部省份的调研分析》，《价格理论与实践》，2017 年第 10 期，第 22—25 页。

[42] 吴珊、李青：《当前我国企业宏观税负水平与结构研究——企业宏观税负的国际比较及政策启示》，《价格理论与实践》，2017 年第 1 期，第 31—35 页。

[43] 朱青：《对当前我国税负问题的看法》，《税务研究》，2017 年第 3 期，第 3—8 页。

[44] 潘文轩：《养老保障调节居民收入差距的作用效果及其实现路径——基于发达国家实践的研究》，《社会科学》，2017 年第 9 期，第 42—

53 页。

[45] 张翼：《社会保险与中等收入群体的扩大》，《河北学刊》，2017 年第 5 期，第 158—163 页。

[46] 肖严华、张晓娣、余海燕：《降低社会保险费率与社保基金收入的关系研究》，《上海经济研究》，2017 年第 12 期，第 57—65 页。

[47] 汪润泉、金昊、杨翠迎：《中国社会保险负担实高还是虚高？——基于企业和职工实际缴费的实证分析》，《江西财经大学学报》，2017 年第 6 期，第 53—63 页。

[48] 王美凤、陈蓉、王永华：《不同人口变动路径对经济增长与社会保险的影响研究——基于可计算一般均衡模型分析》，《江西财经大学学报》，2017 年第 3 期，第 42—54 页。

[49] 李晓冬：《无知之幕下的“虚拟社会保险”方案》，《世界哲学》，2017 第 1 期，第 147—158 页。

[50] 江红莉、何建敏、姚洪兴：《社会养老保险征缴过程中“逃费”问题的演化博弈分析》，《统计与决策》，2017 年第 4 期，第 161—163 页。

[51] 彭雪梅、刘阳、林辉：《征收机构是否会影响社会保险费的征收效果？——基于社保经办和地方税务征收效果的实证研究》，《管理世界》，2015 年第 6 期，第 63—71 页。

[52] 孙玉莺、敖忠良：《完善社会保险费管理机制的探索》，《税务研究》，2015 年第 6 期，第 89—92 页。

[53] 陶纪坤、张鹏飞：《社会保险缴费对劳动力需求的“挤出效应”》，《中国人口科学》，2016 年第 6 期，第 78—87 页。

[54] 孙玉栋、徐达松：《社会保障税制国际比较及经验借鉴》，《中国特色社会主义研究》，2015 年第 2 期，第 45 页。

[55] 孙淑云、郎杰燕：《社会保险经办机构法律定位析论——基于社会保险组织法之视角《理论探索》，2016 年第 2 期，第 110—115 页。

[56] 黎建飞、谢冰清：《公权视野下社会保险基金权属问题之审思》，《湖南社会科学》，2016 年第 4 期，第 60—66 页。

[57] 郑尚元：《社会保险之认知——与商业保险之比较》，《法学杂志》，2015 年第 11 期，第 32—43 页。

[58] 熊伟、张荣芳：《财政补助社会保险的法学透析：以二元分立为视

角》,《法学研究》, 2016 年第 1 期, 第 110—126 页。

[59] 郑秉文:《供给侧降费对社会保险结构性改革的意义》,《中国人口科学》, 2016 年第 3 期, 第 2—11 页。

[60] 阳义南、连玉君:《社会保险能降低员工辞职率吗?——中国综合社会调查的双重差分模型估计》,《经济管理》, 2015 年第 1 期, 第 168—179 页。

[61] 赵俊康:《社会养老保险中自我负担率的实证分析》,《统计与决策》, 2015 年第 8 期, 第 102—105 页。

[62] 刘义圣、陈昌健:《社会保障费税改革:“范式”选择与阙疑》,《社会科学研究》, 2016 年第 4 期, 第 51—57 页。

[63] 赵绍阳、杨豪:《我国企业社会保险逃费现象的实证检验》,《统计研究》, 2016 年第 1 期, 第 78—86 页。

[64] 瞿婷婷、易沛:《延迟退休与中国社会养老保险制度:相容还是互斥?》,《金融经济学研究》, 2015 年第 2 期, 第 119—128 页。

[65] 周凤珍:《不同群体社会养老保险财政待遇差距的测算与分析》,《经济体制改革》, 2016 年第 1 期, 第 176—182 页。

[66] 王树文、刘海英:《社会养老保险收入分配效用分析及改革政策建议》,《学术研究》, 2016 年 第 5 期, 第 64—70 页。

[67] 郑春荣、王聪:我国社会保险费的征管机构选择——基于地税部门行政成本的视角 ,《财经研究》, 2014 年 7 期, 第 40 页。

[68] 蒲晓红、徐梓川:《我国实施社会保险费改税的障碍化解》,《经济理论与经济管理》, 2013 年第 6 期, 第 62—68 页。

[69] 吴文芳:《社会保障费与税之关系的基础理论探究》,《税务研究》, 2014 年第 7 期, 第 86—89 页。

[70] 王显和、宋智江、马宇翔:《我国社会保险费征管模式效率分析与改革路径选择》,《税务研究》, 2014 年第 5 期, 第 74—77 页。

[71] 杨波:《企业社会保险费财务负担的测量——基于上市公司数据的研究》,《江西财经大学学报》, 2013 年第 1 期, 第 67—74 页。

[72] 许春淑:《税收公平视角下的社会保障税制设计原则》,《税务研究》, 2013 年第 7 期, 第 88—90 页。

[73] 潘楠、张蕊:《我国社会保障筹资的困境与对策》,《税务研究》,

2013 年第 9 期，第 92—92 页。

[74] 郑春荣：《淮南为橘淮北为枳：高福利模式在南北欧国家的实施效果差异及对中国的启示》，《南方经济》，2014 年第 1 期，第 1—15 页。

[75] 郑尚元：《我国社会保险制度历史回眸与法制形成之展望》，《当代法学》，2013 年第 2 期，第 125—131 页。

[76] 封进：《中国城镇职工社会保险制度的参与激励》，《经济研究》，2013 年第 7 期，第 104—117 页。

[77] 申策、张冠：《美国的社会保险制度对中国养老制度改革的启示》，《吉林大学社会科学学报》，2013 年第 2 期，第 31—39 页。

[78] 徐华、徐斌：《社会保险对家庭金融的影响研究综述》，《经济学家》，2014 年第 11 期，第 91—99 页。

[79] 文雯：《城镇职工社会保险覆盖公平吗？——来自 CHIP2002 和 2007 的证据》，《世界经济文汇》，2014 年第 6 期，第 28—43 页。

[80] 熊贵彬：《外籍员工参加我国社会保险困境分析》，《湖北社会科学》，2013 年第 11 期，第 57—59 页。

[81] 郑尚元：《民国社会保险实践及我国台湾地区社会保险法制之展开》，《甘肃社会科学》，2013 年第 4 期，第 78—82 页。

[82] 卢海元：《关于建立中国特色社会保险基金投资运营制度的若干思考》，《探索》，2013 年第 6 期，第 145—153 页。

[83] 郑雄飞：《破解社会保险缴费率的“身世之谜”》，《学术研究》，2013 年第 6 期，第 43—47 页。

[84] 胡秋明、景鹏：《社会保险缴费主体逃欠费行为关系演变与调适》，《财经科学》，2014 年第 10 期，第 19—28 页。

[85] 王增文：《工伤社会保险中的“逆向选择”问题：内在逻辑与经验分析》，《经济经纬》，2013 年第 2 期，第 144—149 页。

[86] 张素蓉：《社会保险缴费率对企业参保行为的影响》，《上海经济研究》，2014 年第 3 期，第 47—55 页。

[87] 邢会强：《社会保险税法与“社会保险法”的衔接》，《税务研究》，2012 年第 1 期，第 67—70 页。

[88] 郑春荣：《论促进区域经济协调发展的社会保险税制度》，《税务研究》，2011 年第 7 期，第 14—18 页。

[89] 叶姗：《社会保险费改税的法律分析》，《税务研究》，2012 年第 1 期，第 52—56 页。

[90] 徐怡哲：《“社会保险法”的实施亟需社会保险“费改税”》，《税务研究》，2011 年第 3 期，第 87 页。

[91] 李梦圣：《社会保障税的开征及其制度设计》，税务研究，2011 年第 2 期，第 58—61 页。

[92] 刘植才、杨文利：《开征社会保障税的理论依据及现实意义》，《税务研究》，2011 年 第 2 期，第 49—54 页。

[93] 郎大鹏：《我国社会保障的财政责任》，《学术论坛》，2012 年第 5 期，第 114—118 页。

[94] 王增文、邓大松：《“费改税”——软环境与硬制度下社会保障筹资模式研究》，《理论探讨》，2012 年第 5 期，第 87—89 页。

[95] 金双华：《现行社会保障制度对不同阶层收入影响的实证分析》，《经济社会体制比较》，2012 年第 1 期，第 98—105 页。

[96] 林嘉：《社会保险的权利救济》，《社会科学战线》，2012 年第 7 期，第 175—181 页。

[97] 张建伟：《中国社会保险立法评析》，《科学社会主义》，2011 年第 2 期，第 114—116 页。

[98] 王显勇：《论社会保险统筹基金的法律性质及其管理运营》，《财经理论与实践》，2011 年第 3 期，第 119—123 页。

[99] 胡颖、齐旭光：《中国社会保险与居民储蓄关系的实证研究》，《广东财经大学学报》，2012 年第 3 期，第 41—47 页。

[100] 韩舸友：《社会保险立法的回顾与未来观照——立法基础与价值的指引》，《贵州社会科学》，2011 年第 8 期，第 99—103 页。

[101] 周江洪：《侵权赔偿与社会保险并行给付的困境与出路》，《中国社会科学》，2011 年第 4 期，第 166—178 页。

[102] 李昕：《社会保险制度的建立与社会经济发展的关系》，《华中师范大学学报（人文社会科学版）》，2012 年第 2 期，第 58—61 页。

[103] 席卫群：《社会保险缴款对居民消费产生了“挤出效应”吗？》，《学海》，2012 年第 2 期，第 38—42 页。

[104] 封进、张素蓉：《社会保险缴费率对企业参保行为的影响——基于

上海社保政策的研究》，《上海经济研究》，2012 年第 3 期，第 47—55 页。

[105] 王鸿貌：《社会保障税相关问题研究》，《税务研究》，2012 年第 1 期，第 62—66 页。

[106] 杨华：《基于税收风险视角下的社会保障税开征分析》，《经济与管理研究》，2011 年第 12 期，第 111—114 页。

[107] 李志明：《社会保险权的历史发展：从工业公民资格到社会公民资格》，《社会学研究》，2012 年第 4 期，第 221—240 页。

[108] 李志明：《论社会保险权的内容》，《山东社会科学》，2012 年第 6 期，第 25—29 页。

[109] 杨亚哲：《金融危机下的社会稳定器——社会保障税筹资》，《人口与经济》，2009 年第 1 期，第 167—168 页。

[110] 陶纪坤：《西方国家社会保障制度调节收入分配差距的对比分析》，《当代经济研究》，2010 年第 9 期，第 65—69 页。

[111] 刘永泽、吴作章、陈艳丽：《减持国有资本充实社保基金研究——某省社保基金收支预测》，财政研究，2009 年第 12 期，第 54—58 页。

[112] 谢增毅：《社会保险立法值得关注的三个问题》，《社会科学研究》，2010 年第 2 期，第 108—113 页。

[113] 郑尚元、扈春海：《中国社会保险立法进路之分析——中国社会保险立法体例再分析》，《现代法学》，2010 年第 3 期，第 65—74 页。

[114] 杨思斌：《社会保险权的法律属性与社会保险立法》，《中州学刊》，2010 年第 3 期，第 95—98 页。

[115] 田家官：《社会保险道德风险的发生机制及防治》，《财经科学》，2010 年第 8 期，第 109—116 页。

[116] 刘鑫宏：《企业社会保险缴费水平的实证评估》，《江西财经大学学报》，2009 年第 1 期，第 28—34 页。

[117] 韩克庆、杨俊：《农民工社会保险缴费责任分析》，《广东社会科学》，2009 年第 2 期，第 35—39 页。

[118] 封进、张馨月、张涛：《经济全球化是否会导致社会保险水平的下降：基于中国省际差异的分析》，《世界经济》，2010 年第 11 期，第 37—53 页。

[119] 史清华：《民生化时代中国农民社会保险参与意愿与行为变化分

析——来自国家农村固定观测点 2003 ~ 2006 年的数据》,《学习与实践》,2009 年第 2 期,第 21—37 页。

[120] 周秀龙:《我国现阶段劳务派遣实证研究——以劳资关系中的社会保险为视角》,《政法论丛》,2009 年第 1 期,第 106—109 页。

[121] 张士斌:《年龄结构、社会保险与城镇居民储蓄——基于分省面板数据的实证研究》,《中南财经政法大学学报》,2009 年第 3 期,第 78—83 页。

[122] 李珍:《关于社会养老保险私有化的反思》,《中国人民大学学报》,2010 年第 2 期,第 87—94 页。

[123] 祝志芬:《我国社会养老保险支付的经济学分析》,《统计与决策》,2010 年第 21 期,第 116—117 页。

[124] 王琳、胡坤涛:《社会保障改进与开征社会保障附加税设计》,《学术论坛》,2010 年第 12 期,第 134—138 页。

[125] 钟国柱:《我国开征社会保障税应注意的几个基本问题》,《税务研究》,2010 年第 10 期,第 80—81 页。

[126] 胡晓义:《中国社会保障制度析论》,《中国社会科学院研究生院学报》,2009 年第 5 期,第 12—17 页。

[127] 庞凤喜:《论社会保险税的征收与深化社会保障制度改革的关系》,《税务研究》,2007 年第 10 期,第 43—46 页。

[128] 朱青:《适应我国国情,征收社会保险税》,《税务研究》,2007 年第 10 期,第 33—34 页。

[129] 杨良初:《开征社会保险税,提高社会效率》,《税务研究》,2007 年第 10 期,第 35—36 页。

[130] 曹景军、李英伟:《我国开征社会保险税的相关问题》,《山西财经大学学报》,2007 年第 2 期,第 53—55 页。

[131] 高培勇:《立足宏观视野 开征社会保险税——立足宏观视野,正确看待社保费收支与政府收支的关系》,《税务研究》,2007 年第 10 期,第 31—32 页。

[132] 龚辉文、刘佐:《中国社会保险相关所得税问题研究》,《财政研究》,2007 年第 12 期,第 30—32 页。

[133] 国家税务总局所得税管理司课题组、孙瑞标:《建立长效稳定的社会保险资金筹集机制》,《税务研究》,2007 年第 10 期,第 38—42 页。

[134] 刘剑文：《社会保险资金筹集方式的利弊比较》，《税务研究》，2007 年第 10 期，第 32—33 页。

[135] 龙卓舟：《试论社会保险制度的筹资工具》，《税务研究》，2008 年第 4 期，第 95—96 页。

[136] 刘石浩：《浙江省社会保险费征收管理长效机制的探索》，《税务研究》，2007 年第 10 期，第 36—37 页。

[137] 海南省地方税务局课题组、张俊芳：《加强社会保险费费源管理的途径》，《税务研究》，2007 年第 10 期，第 86—87 页。

[138] 龙卓舟：《开征社会保障税：社会保障制度的本质要求》，《财经理论与实践》，2008 年第 2 期，第 82—86 页。

[139] 袁艳红：《社会保险费征收主体的选择》，《经济经纬》，2008 年第 2 期，第 159—161 页。

[140] 姚建平：《养老社会保险制度的反贫困分析——美国的实践及对我国的启示》，《公共管理学报》，2008 年第 3 期，第 105—113，132 页。

[141] 朱青：《对我国社会保险基金管理体制的思考》，《财政研究》，2007 年第 10 期，第 45—47 页。

[142] 靳东升：《社会保障缴款征收管理的国际比较》，《税务研究》，2007 年第 10 期，第 34 页。

[143] 孟庆平：《我国城镇居民储蓄对社会养老保险的公共价值分析》，《财贸经济》，2008 年第 2 期，第 58—62 页。

[144] 朱远程、毛雪梅：《北京开征社会保障税的可行性研究调查分析报告》，《统计研究》，2007 年第 10 期，第 90—92 页。

[145] 王文童：《社会保障筹资模式及其税式管理问题的研究》，《税务研究》，2007 年第 4 期，第 75—79 页。

[146] 杨思斌：《中国社会保险法制建设述评》，《财贸研究》，2007 年第 3 期，第 136—142 页。

[147] 黄英君，蒲成毅：《商业保险与社会保险的互动：一个文献综述》，《江西财经大学学报》，2007 年第 5 期，第 37—43 页。

[148] 何菊芳：《完善私营企业社会保险制度的对策建议》，《现代经济探讨》，2008 年第 4 期，第 64—66 页。

[149] 岳松、李真：《论我国社会保险基金会计目标选择》，《江淮论坛》，

2008 年第 3 期，第 85—87 页。

[150] 杨宜勇、谭永生：《全国统一社会保险关系接续研究》，《宏观经济研究》，2008 年第 4 期，第 11—13 页。

[151] 龙卓舟：《我国现行养老社会保险转制成本处置政策的缺陷——从制度经济学视角的分析》，《经济体制改革》，2008 年第 3 期，第 40—44 页。

[152] 刘五丰、韩金玮：《社会保障税的模式选择及配套改革》，《税务研究》，2008 年第 4 期，第 93—94 页。

[153] 马啸、庹高瑜：《我国现阶段社会保障“费改税”问题辨析》，《税务研究》，2007 年第 10 期，第 88—89 页。

[154] 李文华：《社会养老保险金两模式的比较及其对于中国的借鉴作用》，《社会主义研究》，2007 年第 2 期，第 134—136 页。

[155] 程晓燕：《私权视角下的社会保险基金监管》，《当代法学》，2008 年第 3 期，第 85—91 页。

[156] 潘文轩：《“营改增”试点中部分企业税负“不降反增”现象分析》，《财贸研究》，2013 年第 1 期，第 95—100 页。

[157] 高东芳：《“营改增”试点企业税负增加的原因及对策》，《财会月刊》，2013 年第 7 期，第 89—91 页。

[158] 薛爽：《CFO 影响力与企业税负水平——基于企业所有权视角的分析》，《财经研究》，2012 年第 10 期，第 57—67 页。

[159] 张敏：《财政分权、企业税负与税收政策有效性》，《经济学动态》，2015 年第 1 期，第 42—54 页。

[160] 刘行：《金融发展、产权与企业税负》，《管理世界》，2014 年第 3 期，第 41—52 页。

[161] 罗党论：《产权、地区环境与新企业所得税法实施——基于中国上市公司的企业税负的研究》，《中山大学学报社会科学版》，2011 年第 5 期，第 200—210 页。

[162] 刘骏：《财政集权、政府控制与企业税负——来自中国的证据》，《会计研究》，2014 年第 1 期，第 21—27 页。

[163] 张俊轮：《规模以上工业企业的行业税负研究》，《统计研究》，2012 年第 2 期，第 17—29 页。

[164] 汪德华：《宏观税负与企业税负地区间差异之比较——基于工业企

业数据计量分解的分析》,《财贸经济》, 2015 年第 3 期，第 66—72 页。

[165] 胡文龙:《企业税负衡量研究评述》,《中国流通经济》, 2014 年第 11 期，第 115—122 页。

[166] 陈洁璟:《降低中小企业税负问题初探》,《武汉工程职业技术学院学报》, 2011 年第 4 期，第 44—49 页。

[167] 刘军强:《资源、激励与部门利益：中国社会保险征缴体制的纵贯研究（1999—2009 期》,《中国社会科学》, 2011 年第 3 期，第 139—156 页。

[168] 周凤珍、武玲玲:《企业社会保险费纳入增值税抵扣范围的思考》,《税务研究》, 2017 年第 2 期，第 99—102 页。

[169] 樊勇:《如何看待 2016 年"营改增"收官》,《四川财政与会计》, 2016 年第 2 期，第 159—165 页。

[170] 郑秉文、胡云超:《英国养老保险市场化改革对宏观经济的影响》,《国际经济评论》, 2004 年第 1 期，第 55—61 页。

[171] 杨翠迎、何文炯:《社会保障水平与经济发展的适应性关系研究》,《公共管理学报》, 2004 年第 1 期，第 79—85，96 页。

[172] 张向达、程雷:《论西方社会保障的伦理嬗变及启示》,《伦理学研究》, 2012 年第 1 期：第 54—58，141 页。

[173] 郑秉文:《OECD 国家社会保障制度改革及其比较》,《经济社会体制比较》, 2004 年第 5 期，第 111—123 页。

[174] 庞凤喜、洪源:《借鉴国际经验构建我国分离制衡式社会保障基金管理模式》,《中共南京市委党校南京行政学院学报》, 2006 年第 1 期，第 64—67 页。

[175] 张荣芳、熊伟:《全口径预算管理之惑：论社会保险基金的异质性》,《西北政法大学学报》, 2015 年第 3 期，第 159—169 页。

[176] 郑秉文、房连泉:《社会保障供款征缴体制国际比较与中国的抉择》,《公共管理学报》, 2007 年第 4 期，第 1—16，121 页。

[177] 财政部社会保障司课题组:《社会保障支出水平的国际比较》,《财政研究》, 2007 年第 10 期，第 36—42 页。

[178] 于文超:《税务检查、税负水平与企业生产效率——基于世界银行企业调查数据的经验研究》,《经济科学》, 2015 年第 2 期，第 70—81 页。

[179] 郑秉文:《经济理论中的福利国家》,《中国社会科学》, 2003 年第

1 期，第 41—63，205 页。

[180] 郑秉文、胡云超：《英国养老制度市场化改革对劳动力市场的影响》，《中国人口科学》，2004 年第 2 期，第 13 页。

[181] 赵建国、廖藏宜、李佳：《我国社会保障财政负担区域公平性及影响因素研究》，《财政研究》，2016 年第 10 期，第 49—57 页。

[182] 吕承超、白春玲：《我国社会保障发展空间差距及随机收敛研究》，《财政研究》，2016 年第 4 期，第 47—59 页。

[183] 巴曙松、孔颜、吴博：《我国社会保障财政支出地区差异性的聚类分析》，《华东理工大学学报（社会科学版）》，2013 年第 5 期，第 1—9 页。

[184] 果佳、唐任伍：《均等化、逆向分配与“福利地区”社会保障的省际差异》，《改革》，2013 年第 1 期，第 141—148 页。

[185] 王增文、邓大松：《基金缺口、缴费比率与财政负担能力：基于对社会保障主题的缴费能力研究》，《中国软科学》，2009 年第 10 期，第 73—81 页。

[186] 刘钧：《社会保险缴费水平的确定：理论与实证分析》，《财经研究》，2004 年第 2 期，第 73—79 页。

[187] 穆怀中：《社会保障适度水平研究》，《经济研究》，1997 年第 2 期，第 8 页。

[188] 周依群、王国军：《人口结构、地区差异与社会保险支出——基于我国省际面板数据的实证研究》，《现代经济探讨》，2017 年第 11 期，第 23—32 页。

[189] 康萌萌、刘素春：《中国商业保险和社会保险耦合协调关系及时空特征研究》，《保险研究》，2016 年第 6 期，第 90—101 页。

[190] 刘苓玲、任斌、任文晨：《官员交流对社会保障事业发展的影响——来自省长、省委书记交流的经验证据》，《南方经济》，2015 年第 10 期，第 64—84 页。

[191] 王浩名、柳清瑞：《社会保障费率对结婚结构和生育决策的影响：建模与实证分析》，《山西财经大学学报》，2015 年第 8 期，第 1—10 页。

[192] 杨翠迎、王国洪：《我国城镇职工养老保险待遇水平的影响因素研究》，《华东经济管理》，2014 年第 8 期，第 165—168 页。

[193] 朱庆芳：《我国社会保障指标体系综合评价》，《社会学研究》，

1995 年第 4 期，第 18—122 页。

[194] 童纪新、龚剑锋：《我国基本养老保险基金绩效审计评价研究——基于 BSC 与 D-S 理论视角》，《财会通讯》，2016 年第 1 期，第 97—100 页。

[195] 刘宁、陶小刚：《广东企业职工基本养老保险水平：综合评价及政策建议》，《南方金融》，2014 年第 9 期，第 84—88 页。

[196] 许春淑：《基于 AHP 的城镇基本养老保险支出绩效评价——以天津为例的实证研究》，《税务与经济》，2012 年第 6 期：第 41—47 页。

[197] 穆怀中：《社会保障水平经济效应分析》，《中国人口科学》，2001 年第 3 期，第 6 页。

[198] 郑秉文：《养老保险“名义账户”制的制度渊源与理论基础》，《经济研究》，2003 年第 4 期，第 63—71，93 页。

[199] 庞凤喜：《开证社会保险税相关问题研究》，《税务研究》，2003 年第 5 期，第 50—54 页。

[200] 刘小兵：《中国社会保障税的制度设计及其释义》，《财贸经济》，2001 年第 9 期，第 18—22 页。

[201] 李建平：《社会保障“费”改“税”的制度性约束》，《中央财经大学学报》，2005 年第 7 期，第 28—30 页。

[202] 张向达、李宏：《社会保障与经济发展关系的思考——基于社会保障扩大内需作用的角度》，《江西财经大学学报》，2010 年第 1 期，第 52—58 页。

[203] 尹华北、张恩碧：《社会保障覆盖率对农村居民消费的影响研究》，《社会科学》，2011 年第 7 期，第 54—61 页。

[204] 肖琴、肖磊、代贝：《社会保障与就业、医疗卫生支出对居民消费的影响研究》，《昆明理工大学学报（社会科学版）》，2015 年第 5 期，第 63—70 页。

[205] 周美多、张彭：《转移支付是否优化了财政社会保障支出：基于均等与增长的视角——基于 25 个省的县级数据的实证分析》，《电子科技大学学报（社科版）》，2016 年第 4 期，第 13—24 页。

[206] 臧文斌、刘国恩、徐菲等：《中国城镇居民基本医疗保险对家庭消费的影响》，《经济研究》，2012 年第 7 期，第 75—85 页。

[207] 臧文斌、赵绍阳、刘国恩：《城镇基本医疗保险中逆向选择的检

验》，《经济学（季刊）》，2013 年第 1 期，第 47—70 页。

［208］顾昕：《走向普遍覆盖：全民医疗保险面临的挑战》，《东岳论丛》，2010 年第 1 期，第 155—159 页。

［209］马双、臧文斌、甘犁：《新型农村合作医疗保险对农村居民食物消费的影响分析》，《经济学（季刊）》，2011 年第 1 期，第 249—270 页。

［210］姚瑶、刘斌、刘国恩等：《医疗保险、户籍制度与医疗服务利用——基于 CHARLS 数据的实证分析》，《保险研究》，2014 年第 6 期，第 105—116 页。

［211］赵绍阳、臧文斌、傅十和等：《强制医保制度下无保险人群的健康状况研究》，《经济研究》，2013 年第 7 期，第 118—131 页。

［212］朱信凯、彭廷军：《新型农村合作医疗中的“逆向选择”问题：理论研究与实证分析》，《经济研究》，2009 年第 1 期，第 79—88 页。

［213］方黎明、顾昕：《突破自愿性的困局：新型农村合作医疗中参合的激励机制与可持续发展》，《中国农村观察》，2006 年第 4 期：第 24—32，79 页。

［214］臧文斌、刘国恩、徐菲等：《中国城镇居民基本医疗保险对家庭消费的影响》，《经济研究》，2012 年第 7 期，第 75—85 页。

［215］白重恩、李宏彬、吴斌珍：《医疗保险与消费：来自新型农村合作医疗的证据》，《经济研究》，2012 年第 2 期，第 41—53 页。

［216］程令国、张晔：《“新农合”：经济绩效还是健康绩效》，《经济研究》，2012 年第 1 期，第 120—133 页。

［217］黄枫、甘犁：《过度需求还是有效需求？——城镇老人健康与医疗保险的实证分析》，《经济研究》，2010 年第 6 期，第 105—119 页。

［218］冯红霞：《我国税负水平与降低企业税负的税改研究》，山东：山东大学 2008 年硕士毕业论文。

［219］Coase R H, The problem of social cost, The Journal of Law & Economics, 1960（3）：1－44.

［220］Gupta S, Newberry K, Determinants of the variability in corporate effective tax rates：evidence from longitudinal data, Journal of Accounting and Public Policy, 1997（16）：1－34.

［221］Silva W B D, Paes N L, Ospina R, The replacement of payroll tax by a tax on revenues: A study of sectorial impacts on the Brazilian economy, Economia, 2015 (1): 46 – 59.

[222] Stickney C, McGee, Effective corporation tax rates the effect of size, capital intensity, leverage and other factor, Journal of Accounting and Public Policy, 1982 (1): 125 – 152.

[223] Porcano T, Corporate tax rates: the progressive, proportional or regressive, the Journal of the American Taxation Association, 1986: 17 – 31.

[224] Shevlin T, Taxes and off – balance – sheet financing: research and development limited partnerships, The Accounting Review, 1987 (3): 480 – 509.

[225] Wilkie, Corporate average effective tax rates and inferences about relative tax preference, the Journal of the American taxation Association, 1988 (10): 54 – 73.

[226] Zimmerman J, Taxes and firm size, Journal of Accounting and Economics, 1983 (5): 119 – 149.

[227] Arulampalam W, Devereux M P, Maffini G, The direct incidence of corporate income tax on wages, European Economic Review, 2012 (6): 1038 – 1054.

[228] Lawrence H, Barry P, Bosworth, et al. , White taxation and corporate investment: A q – theory approach , Brookings Papers on Economic Activity, 1981 (1): 67 – 140.

[229] Bagchi S, Can removing the tax cap save Social Security? Journal of Macroeconomics, 2017 (2): 574 – 595.

[230] Parker J A, The reaction of household consumption to predictable changes in payroll tax rates, Working Papers, 1997 (4): 959 – 973.

[231] Hubbard R G, Judd K L, Social security and individual welfare: precautionary saving, borrowing constraints, and the payroll tax, American Economic Review, 1987 (4): 630 – 646.

[232] Kramarz F, Philippon T, The impact of differential payroll tax subsidies on minimum wage employment, Journal of Public Economics, 2001 (1): 115 – 146.

[233] Kugler A, Kugler M, Labor market effects of payroll taxes in developing

countries: evidence from Colombia, Economic Development & Cultural Change, 2009 (2): 335 -358.

[234] Bennmarker H, Mellander E, Öckert B, Do regional payroll tax reductions boost employment? Labour Economics, 2009 (5): 480 -489.

[235] Saez E, Matsaganis M, Tsakloglou P, Earnings determination and taxes: evidence from a cohort - based payroll tax reform in Greece, Quarterly Journal of Economics, 2012 (127): 493 -533.

[236] Brittain J A, The incidence of social security payroll taxes, American Economic Review, 1971 (1): 110 -125.

[237] Holmlund B, Payroll taxes and wage inflation: the Swedish experience, Scandinavian Journal of Economics, 1983 (1): 1 -15.

[238] Harrington J M, Seaton A, A payroll tax for occupational health research? British Medical Journal, 1988 (296): 1618.

[239] Korkeamäki O, Uusitalo R, Employment and wage effects of a payroll - tax cut—evidence from a regional experiment, International Tax & Public Finance, 2009 (6): 753 -772.

[240] Cruces G, Galiani S, Kidyba S, Payroll taxes, wages and employment: Identification through policy changes, Labour Economics, 2010 (4): 743 -749.

[241] Chéron A, Hairault J O, Langot F, A quantitative evaluation of payroll tax subsidies for low - wage workers: an equilibrium search approach, Journal of Public Economics, 2008 (3): 817 -843.

[242] Lehmann E, Marical F, Rioux L, Labor income responds differently to income - tax and payroll - tax reforms, Journal of Public Economics, 2013 (2): 66 -84.

[243] Hoon H T, Payroll taxes and VAT in a labor - turnover model of the 'natural rate' , International Tax & Public Finance, 1996 (3): 369 -383.

[244] Egebark J, Kaunitz N, Do payroll tax cuts raise youth employment? Stockholm University, Department of Economics Research Papers in Economics, 2014 (5): 189 -196.

[245] Thomas Bauer, Regina T, Riphahn, Employment effects of payroll taxes - an empirical test for Germany, Applied Economics, 2002 (7): 865 -876.

[246] Anderson P M, Meyer B D, The unemployment insurance payroll tax and interindustry and interfirm subsidies, Tax Policy & the Economy, 1993 (7): 111 - 144.

[247] Korkeamäki O, Uusitalo R, Employment effects of a payroll tax cut - evidence from a regional tax subsidy experiment, Working Paper, 2006 (6): 753 - 772.

[248] Hausman J A, Income and payroll tax policy and labor supply, Social Science Electronic Publishing, 1980 (35): 213 - 263.

[249] Liebman J B, Saez E, Earnings responses to increases in payroll taxes, Journal of Fluids Engineering, 2006 (3).

[250] Oberlander J, The politics of paying for health reform: zombies, payroll taxes, and the holy grail, Health Affairs , 2008 (6): 544.

[251] Hughes G, Payroll tax incidence, the direct tax burden and the rate of return on state pension contributions in Ireland, International Social Security Review, 1985 (4): 49 - 66.

[252] Anderson P M, Meyer B D, Unemployment insurance tax burdens and benefits: funding family leave and reforming the payroll tax, Working Papers, 2006 (1): 77 - 95.

[253] Antón A, The effect of payroll taxes on employment and wages under high labor informality, Iza Journal of Labor & Development, 2014 (1): 1 - 23.

[254] Sahm C, Shapiro M D, Slemrod J B, Balance - sheet households and fiscal stimulus: lessons from the payroll tax cut and its expiration, Social Science ElectronicPublishing, 2015 (37): 1 - 32.

[255] Scherer C, Payroll tax reduction in Brazil: effects on employment and wages, ISS Working Papers - General Series, 2015 (35): 749 - 761.

[256] Dungan P, The CPP payroll tax hike: macroeconomic transition costs and alternatives, Canadian Public Policy, 1998 (3): 394 - 401.

[257] Coughlin R M, Payroll taxes for social security in the United States: the future of fiscal and social policy illusions, Journal of Economic Psychology, 1982 (3): 165 - 185.

[258] Alm J, Saavedra P, Sennoga E, How should individuals be taxed?

Combining "simplified", income, and payroll taxes in Ukraine, Finanzarchiv Public Finance Analysis, 2007 (3).

[259] Kugler A D, Kugler M D, Herreraprada L O, Do payroll tax breaks stimulate formality? Evidence from Colombia's reform, Nber Working Papers, 2017.

[260] Fernández C, Villar L, The impact of lowering the payroll tax on informality in Colombia, Economía, 2017 (18).

[261] Woodbury S A, Galdon J E, Levine P, et al, Layoffs and experience rating of the unemployment insurance payroll tax: panel data analysis of employers in three states, Unpublished Manuscript, 2004.

[262] Office U S G A, Defense contracting: recent law has impacted contractor use of offshore subsidiaries to avoid certain payroll taxes, Gao Reports, 2010.

[263] Lin Z, Picot G, Beach C M, The evolution of payroll taxes in Canada: 1961 - 1993, Ssrn Electronic Journal, 1998 (9).

[264] Kesselman J R, Economics versus politics in Canadian payroll tax policies, Canadian Public Policy, 1998 (3): 381 - 387.